U0136646

⊙台灣地方誌

台灣中部的人文

⊙林文龍 著

一個文化拓荒者的傳奇

——《台灣中部的人文》林衡道先生序

林衡道

早年一群文史工作者，
憑著一股對鄉土的熱愛，
採訪古蹟，從事田野調查，
扮演著拓荒者的角色，
默默耕耘，卻往往有出人意表的發現。

台灣史研究，走過沉寂的年代，而成為史學界的一門顯學。早年，一群熱愛台灣鄉土的文史工作者，默默耕耘，扮演著拓荒者的角色，這裡頭不少是沒有受過正規史學訓練的，他們憑著對鄉土的認同，念茲在茲，都有很好的成就，林文龍先生便是其中之一。

當《台灣風土》、《台南文化》停刊之後的這段時期，台灣研究只有兩個主要園地屹立不搖，一是台灣省文獻委員會出版的《台灣文獻》，一是林本源中華教

育文化基金會支持的《台灣風物》，這兩個刊物，與我都有特殊淵源，作者群幾乎都是熟面孔。六十年代以後，林先生的文章，開始出現在這兩個刊物。林先生出身背景頗具傳奇性，我當時服務省文獻會，也略有耳聞，但迄緣慳一面。在那個年代的台灣研究，不受到重視，是冷門中的冷門，《台灣風物》甚至還是個不支稿酬的同人刊物，但林先生依然勤寫不輟。

林先生並無皇皇學歷，且因工作環境之故，囿於見聞，爲文難免會受到限制，但他卻腳踏實地，除埋首故紙堆之外，更勤於作田野調查，憑弔遺跡、走訪寺廟、抄錄碑匾，足跡幾遍整個中部地區，無論山陬或是海隅，因此往往有出人意表的新發現，茲舉一例，他對衆說紛云的「慚愧祖師」來歷，提出新的證據，推翻長久以來流傳民間的荒誕不經之說，我至今記憶猶新。我退休離開省文獻會，而林先生卻進了省文獻會，始終沒有相識的機會。直到民國八十一年，才在中研院的某個會議中認識。這些年來，因文獻工作關係，常有碰面的機會，深喜其仍執著於台灣研究，對台灣中部的史蹟文物，如數家珍，特別是南投、彰化這兩地方。兩地對他而言，生長於斯，都有著濃郁的鄉土感情。日前淡水紅毛城上再次晤面，得知林先生又將出版新著《台灣中部的人文》，希能爲這本書寫篇序文，林先生與我有同宗之誼，又是省文獻同人，在台灣文獻、史蹟方面，更是同好，義不容辭，謹綴數言，藉作對他多年付出的肯定與勉勵。

後記：林衡道先生不幸於一九九六年仙逝，未及見到本書出版，實爲遺憾。

揭開中部人文史蹟的眞相

——《台灣中部的人文》自序

中台灣，是我最愛的家園，
有清代全台規模最大的八堡圳水利工程，竹山百年硐磘，
林爽文事件的「王芬大哥」、戴萬生事件的「紅旗公」，
悉數收錄於《台灣中部的人文》，
請您細細體驗。

林文龍

台灣，古人筆下的海上仙山，西人眼中的美麗之島。林木蒼翠，麋鹿成群，各族耕鑿，與世無爭。十七世紀初，顏思齊、鄭芝龍等海上勢力的伸入，劃破了這片土地的寧靜。之後，一聯串的政治更迭，無論是荷蘭、西班牙的殖民統治，或是明鄭王國的抗衡中原，以及禁弛政策舉棋不定的大清帝國，時代雖異，但台灣始終都是閩粵移民冒險進取的海上樂園。數百年的族群融合、文化激盪，也使台灣的宗教信仰、風土民情，更為璀璨絢爛。

閩粵移民之初，固然帶來了各種原鄉神祇，以祈拓墾事業順利、平安，但隨著地域的不同，神祇功能往往也與之轉化。如玄天上帝本是明鄭時代崇祀甚廣的海上守護神，清初因政治勢力的介入，使這項信仰遠離海洋而向山區發展。尤有甚者，道場在廣東嘉應州陰那山的唐代高僧慚愧祖師信仰，傳入台灣之後竟獨盛於南投山區，且轉化爲漢人防患原住民襲擊的守護神，並帶著濃厚的道教色彩。閩粵移民傳入的神祇之外，也有不少是台灣本土形成的特殊信仰，特別是在歷史人物方面。從明鄭時代以迄當代，都有歿而爲神，長享人間香火的幸運者。有清一代，吏治敗壞，民變事件前仆後繼，與下層社會秘密組織天地會的推波助瀾關係密切，林爽文事件的「王芬大哥」、戴萬生事件的「紅旗公」，在台灣中部都建有廟宇。廟宇的建立，不僅是聚落的指標、推動地方發展的原動力，它更扮演著地方的藝文活動中心，許多產業文化、風土民情的維繫，無不息息相關，值得探究。

從小就對鄉土史蹟有著一份偏嗜，二、三十年來，台灣研究從忌諱到丕顯，這段歷程，適逢其會。本書所輯悉屬宗教信仰、風土民情方面的文字，因囿於聞見，只以中台灣爲範疇，常民文化事業股份有限公司劉還月兄慨允結集問世，奉獻鄉土，盛情可感。本書爲兼具題材的完備，蒐羅了幾篇舊稿，撰稿時空不一，心境亦異，譴詞用字，難免紛歧。賴有該公司陳柔森、吳麗雯小姐的細心整編，賦予嶄新形貌，謹致最大的謝忱。

台灣中部的人文

目錄

早年一群文史工作者，
憑著一股對鄉土的熱愛，
採訪古蹟，從事田野調查，
扮演著拓荒者的角色，
默默耕耘，卻往往有出人意表的發現。

中台灣，是我最愛的家園，
有清代全台規模最大的八堡圳水利工程，竹山百年砠硞，
林爽文事件的「王芬大哥」、戴萬生事件的「紅旗公」，
悉數收錄於《台灣中部的人文》，
請您細細體驗。

第一章　農田水利興工商

第二章 宗教信仰求慰藉

第三章　民間藝文相爭鳴

「南投窯」創於清嘉慶元年（西元一七九六年），
乃指當時生產「南投燒」的牛轀轆窯，
迄今正好二百年。
若追溯南投燒陶的歷史源起實不止此。
竹山鎮硘磘里，
據地方耆老所言於清雍正年間即有窯場，
故論起「硘磘」才足堪稱「南投第一窯」。

林寶鏞畫的白菜貓，
無不充滿祥和之氣及鄉土之美，
而他的像貌更是溫文儒雅，
追溯其生平事蹟，
又會因其叱咤風雲的軍功而訝異。

第四章　育嬰節孝佳話傳

舊時婦女喪偶後的守貞、守節，固然已不合時宜；
但其「上事舅姑、下撫兒女」的孝行懿德，
仍不失爲現代婦女的典範，
故彰化節孝祠不僅有「昭彤管而垂來世」的價值，
也是使後人了解往時社會如何重視節孝的最好見證。

有人說貞孝節烈等當年婦女的美德善行，
都是士大夫們所加意促成、極力宣揚的，
其中更包含不少「血淚斑斑、慘絕人寰」的史實。
綜觀余林氏一生的事蹟，
或許已不合時代潮流，
但其純孝懿行，
仍不失爲現代婦女典範。

台灣中部人文史蹟示意圖

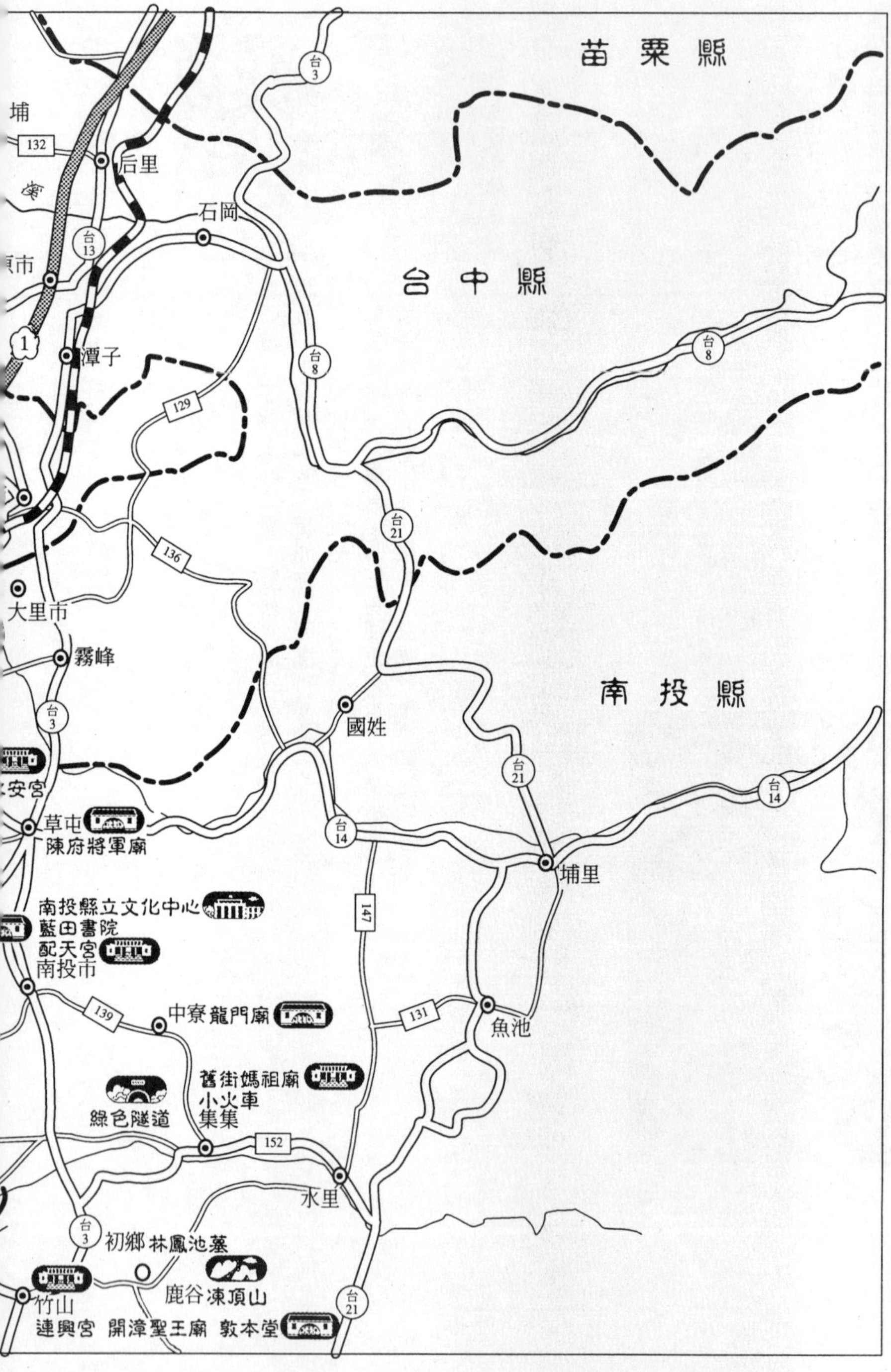

苗栗縣
台3
埔
132
后里
石岡
台13
台中縣
市
1
潭子
台8
129
台8
台21
136
大里市
霧峰
南投縣
台3
國姓
安宮
草屯
陳府將軍廟
台21
台14
台14
埔里
南投縣立文化中心
藍田書院
配天宮
147
南投市
139
中寮龍門廟
131
魚池
舊街媽祖廟
小火車
集集
綠色隧道
152
水里
台3
初鄉林鳳池墓
鹿谷凍頂山
竹山
台21
連興宮 開漳聖王廟 敦本堂

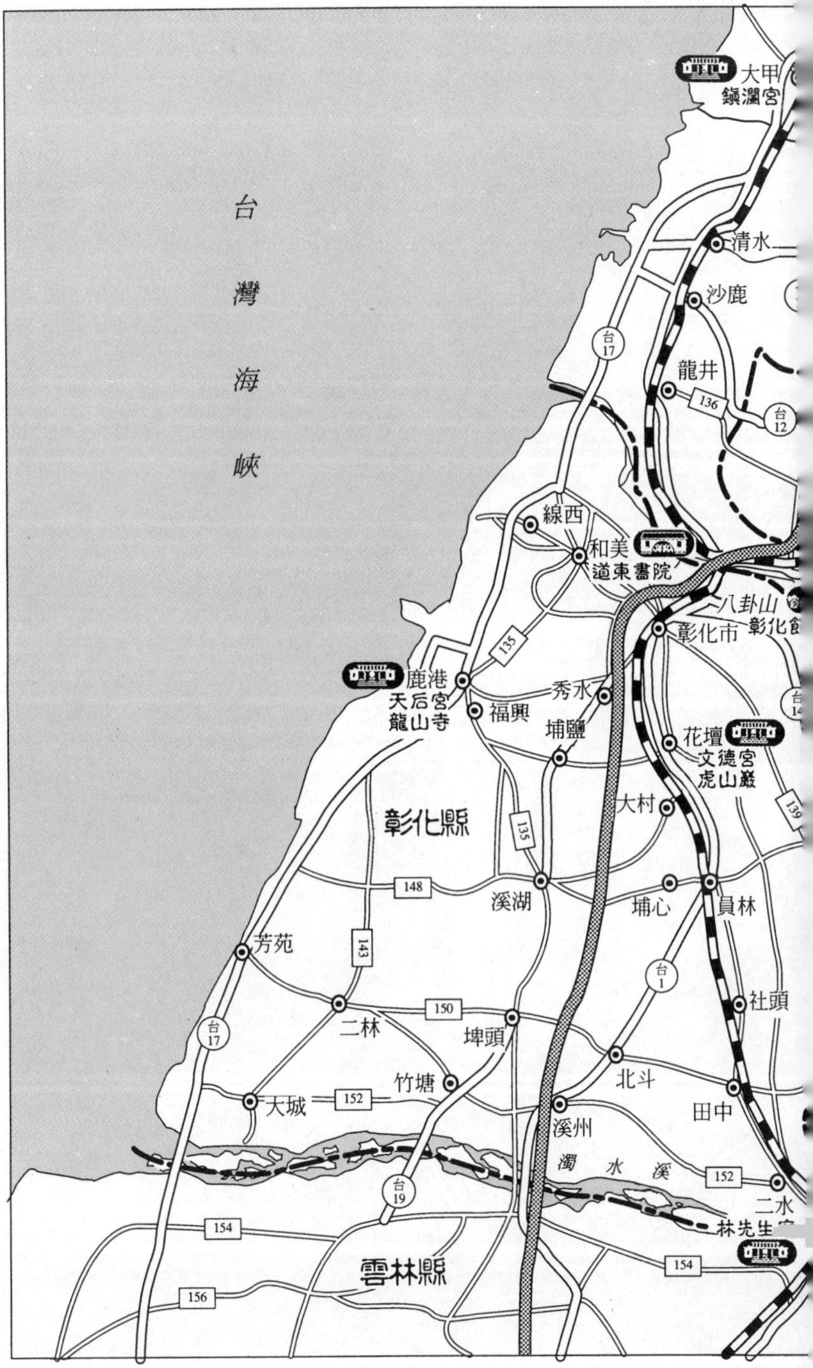

台灣中部人文史蹟示意圖

台灣海峽

大甲
鎮瀾宮
清水
沙鹿
台17
龍井
136
台12
線西
和美
道東書院
八卦山
彰化
彰化市
135
鹿港
天后宮
龍山寺
福興
秀水
埔鹽
花壇
文德宮
虎山巖
大村
139
彰化縣
135
148
溪湖
埔心
員林
芳苑
143
台1
社頭
二林
150
埤頭
台17
北斗
竹塘
大城
152
溪州
田中
濁水溪
152
台19
二水
林先生
154
154
雲林縣
156

第一章／農田水利興工商

1／八堡圳傳奇

——清代全台規模最大的水利工程

在移墾過程中，
水利灌溉扮演化育生民的角色，
更鏤刻對生命的禮讚。
而以施世榜與築八堡圳、引濁水溪水灌溉半線東南農田，
最爲有名，也最具傳奇性。

康熙二十二年（西元一六八三年），清廷攻取台灣，開始進行大規模的移墾，同時也發展了與開拓荒地密不可分的水利灌溉設施，許多業戶都有很大的成就，其中以施世榜與築八堡（保）圳、引濁水溪水灌溉半線（今彰化市）東南農田最爲有名，也最具傳奇性。

施世榜是原籍泉州晉江的鳳山縣拔貢生，因八堡圳的完成，促進彰化平原的墾殖，奠定中部地區開發基礎，值得後人景仰。

築圳利農

台灣各地的開發順序，大抵是由南而北，

再由西而東。康熙中葉後，諸羅以北的廣大沃野，吸引了不少業戶前往拓墾，施世榜爲其中的佼佼者。施世榜之所以開拓半線之野，據伊能嘉矩《台灣文化志》記載，是繼承他父親施東的拓墾事業，施東早在康熙中葉，就已經是半線地方的墾首，施東卒後，施世榜再將拓墾範圍向東南延伸。

施世榜既繼承乃父拓墾事業，當時曾向官府申請了一個業戶名號，稱作「施長齡」，從此無論是墾田、開圳或築塭，都使用這個名義。在施世榜積極經營下，「施長齡」拓地日廣，幾乎遍及整個半線東南，水利灌溉乃成了最迫切的需要，否則便得前功盡棄，約在康熙四十八年（西元一七〇九年），施世榜開始著手興築濁水圳，自鼻仔頭（在今二水鄉倡和村）設圳頭、鑿通渠，引濁水溪水灌溉田園，歷經十年的艱辛，終在康熙五十八年竣工。流經一百零三莊，灌溉約一萬二千餘甲田地，成爲有清一代全台最大規模的水利工程。施世榜所開的這條圳，初時因引濁水溪水，顧名思義，就稱爲濁水圳，又因產權屬於施家，故也稱施厝圳。雍正元年（西元一七二三年），半線地方設彰化縣，下轄十三堡半，而圳水灌溉範圍就包括東螺東堡、東螺西堡、武東堡、武西堡、燕霧上堡、燕霧下堡、馬芝堡、線東堡等八堡（保），故又名八堡（保）圳，日久之後，濁水圳、施厝圳舊稱逐漸消失，至今仍以八堡圳之名喧騰遐邇。

異人授以秘法

關於施世榜興築八堡圳，道光《彰化縣志》卷八〈人物志〉施世榜傳有云：

世榜之在彰也，籌引濁水灌田，屢濬未就。有林先生者，授以方法，世榜如言開築，圳

果成，即今八保圳是也。八保農民胥受其利，此功德之最大者。

又卷二〈規制志〉「施厝圳」條也稱：

施厝圳，在東螺保，源由濁水分流。康熙五十八年，莊民施長齡築。時圳道難通，有自稱林先生者，繪圖教以疏鑿之方，於是通流，灌溉五十餘里之田，迨圳成欲謝之，查尋並無其人，今圳寮奉祀神位，不忘功也。

以上兩則記事，都分別提到施世榜開圳時，因圳道難通，有自稱林先生的異人授以方法，才大功告成。

林先生教導施世榜開圳傳奇事蹟，據《彰化縣志》〈人物志〉林先生傳的描述，林先生「不知何許人」，衣冠古樸，談吐風雅，當施世榜開圳工程發生困難，正束手無策之際，

施世榜生平及其拓墾事業

據施世榜後人資料的記載，施世榜字文標，號澹亭，康熙十年（西元一六七一年）十月二十五日生，乾隆八年（西元一七四三年）正月初二日卒，享年七十三歲。

施世榜在南部的重要事蹟，首推募集壯丁協助官軍剿平朱一貴之變，對他往後的仕途影響甚大。朱一貴之變既平，清廷論功授職，施世榜「以軍功題授都司，轉文職，任壽寧教諭，署漳州教授，內陞兵馬司副指揮」。

施世榜一生除了以軍功由貢生題授武職都司轉任壽寧縣教諭、署漳州府學教授、陞兵馬司副指揮之外，另有幾個封贈的榮銜。

施世榜興築八堡圳、引濁水溪水灌溉彰化平原成功後，又買下鹿港大片塭地，兼事魚蝦養殖，甚至更定居鹿港，子孫繁衍，對往後鹿港的發展，具有重大的影響力。

林先生突然去見施世榜說：「聞子欲興水利，功德固大，但未得法耳，吾當爲公成之。」施世榜問以名字，則笑而不答，施一再請求，乃說：「但呼林先生可矣」，翌日，林先生果然又來，並「授以方法」，施世榜「悉如其言，遂通濁水，引以灌田，號八堡圳。」當水圳成時，施世榜欲以千金爲謝，林先生卻固辭不受，不久竟去，沒有人知其下落。

除了指導開圳之外，《彰化縣志》林先生傳又稱「先生不求名利，惟以詩酒自娛，日遊谿壑間，有觸即便吟哦，詩多口占，有飄飄欲仙之致，惜無存稿，亦不傳於世也。」因此特錄了一首當時膾炙人口的林先生七言律詩：

第一峰頭第一家，鶉衣百結視如花。閒時嚼雪消煙火，醉後餐虹補歲華。欲得王侯爲怎麼，奚須富貴作波查。看來名利終何益，笑起蛟龍背上跨。

施世榜的義行風範，澤被萬民，除八堡圳開鑿有功外，建敬聖樓，修鳳山縣學宮、捐海東書院學租、建恩赦橋、修晉江文廟、垂裕後昆⋯等，有蹟可徵。而且，至今林先生廟及鹿港天后宮都奉祀著他的牌位，俎豆千秋，香火長存。

▲濁水溪是「八堡圳」的水源。

詩後另附言：「其餘尚多佳句，施家子孫有能記憶一二者。」據此可知至少在道光年間，施家子孫還有能記誦一、二首林先生詩作的。日治初，伊能嘉矩蒐集資料撰寫《台灣文化志》時，曾採錄到一首相傳是林先生作品的七言律詩，云：

施家鑿圳灌田畦，濁水滎洄導以西。草徹由來多頋水，源深幸有木爲堤。隨山導勢南流北，就水看形上卿低。十五葫蘆也同樣，畫歸虎鹿兩螺溪。

這首詩嚴格來說，並非上乘之作，甚至文字可能也有若干訛誤，致頗爲費解，尤以第七句爲甚，但加以仔細推敲，終於恍然大悟原來「十五」二字，並非普通數字，而是指「十五莊圳」，那麼接下來的「葫蘆也同樣」，便可迎刃而解，很顯然是典出「依樣畫葫蘆」，明乎此全詩即可豁然貫通，前六句描述八堡圳築法，後二句則指十五莊圳也依樣畫葫蘆，方法相同。

按所謂十五莊圳，即現在的八堡二圳，也引濁水溪水灌溉，據《彰化縣志》〈規制志〉記載：「十五莊圳，在東螺東保，康熙六十年（西元一七二一年），莊民黃仕卿築。」可知該圳的興築年代，僅稍晚於八堡圳。黃仕卿，原籍廣東饒平，曾參與八堡圳開築，其他事蹟不詳，今二水林先生廟中，與施世榜都有牌位配祀。

八堡圳及稍後的十五莊圳，都採用了林先生所授的方法，但究竟方法如何？《彰化縣志》的幾條紀事，都不得其詳。據吳德功《瑞桃齋文稿》另有一篇〈林先生傳〉，把一向被視為「不知何許人」的「林先生」，不僅稱他「名曰大喜」，且記為「年五十許」，都是言前人所未言，據吳德功說：「先生之名，載於施家開圳記錄」，由此推測，施世榜在開圳的同時，似乎曾留下詳細的記錄，當然必定會詳記「林先生」所授方法。此一開圳記錄，在清末曾經吳德功寓目，並據以撰寫〈林先生傳〉，傳中有一段很簡略的開圳方法描述，似乎就取材自施家開圳記錄，略云：

時鹿紳施公長齡議開八堡圳，欲引濁水之流，以灌每每之原田，苦心焦思，未得良法，先生乃向施公言曰：「子欲開八堡圳乎？吾為若謀。」於是指陳形勢，鳩工疏瀹，截濁水之流，導之入圳。然地勢有高低，日中視之未得其詳，爰於夜間以繩貫燈，牟尼一串，照耀數十里，以觀地勢之高低，高者剷之使平，低者架之以木，因其勢而利導之，數閱月而告厥成功。

「倒筍」與「圓筍」

在科技不發達的年代，沒有精密測量儀器，地勢高低，全憑目視，利用夜晚以繩懸燈來檢視，的確頗具巧思。

施家開圳記錄，目前似已失傳，內容如何不得而知，上述以燈檢驗地勢高低之法，應只是其中的片斷。道光二十一年（西元一八四一年），施世榜後裔施鈺（字霄上，又字少相，世榜七房孫）因繪水圳圖，乃併撰寫〈水圳圖考〉一文，文中記有八堡圳的「導水之法」云：

用藤紮木，聯絡成圍，上廣而下狹，形如倒轉魚罩，匠人呼為埧，虛其中以實大小石塊，高下不等，自數尺至十尺以上，視其水之淺深而環立之，則水自入圳，源源而來，遇旱溪淺，更用茅茨以圍密，殆仿古堤防遺意也。

這種「導水之法」，用於圳頭導引溪水入圳，在大水時可避免水勢直衝，損壞水圳，乾旱水位降低時，又有匯聚水源導之入圳的功能，如與上述開圳工程夜間以繩懸燈檢驗地勢高低之法合看，那麼當年林先生所授之法，大約就八九不離十了。

林先生教導施世榜用以導水的壩籠（埧），一直沿用下來，全台各地河川都普遍在使

▲施世榜的神牌位。

▲林先生廟。

用，形狀仍一如〈水圳圖考〉所描述，有如倒轉魚罩，不過材料多已由籐竹改用鐵絲，且名稱也有所變，據楊緒賢〈施世榜與林先生〉一文記載，壩籠共分「倒筍」與「圓筍」兩種，倒筍俗稱「角碣」，它是用硬木做拱，與麻竹綑紮成方錐形，綑紮的材料，高約十一尺，長十二尺。圓筍俗稱「圓碣」，只用麻竹做拱，沒有硬木，紮成圓錐形，高約六尺，長十二尺。壩籠的安置方法，則須僱用諳於水性，且又熟練的專業匠人入水，俟裝妥後，再以石塊塡實，穩定後方得再裝下一個新籠。通常水流較緩處以「圓筍」攔水，湍急洶湧處，則用「倒筍」。

八堡圳之外，施世榜另又從大肚溪旁開築一條「福馬圳」，俗稱惡馬水，合二八圳流灌李厝莊等處田園千餘甲，亦見《彰化縣志》〈規制志〉，是屬於清水系統的水圳，與濁水系統的八堡圳不同。

2／驚渡大甲溪
——清末大甲溪架橋築堤考略

花費二、三十萬兩，徵調民夫萬人，使大甲溪架橋築堤，被譽為「從來未有之奇工」，但數月之間，冰消瓦解，仍歸烏有，落得勞民傷財的下場。岑氏事雖不成，但其排除萬難的魄力令人景仰。

大甲溪，台灣五大溪流之一，全長一百二十四公里，流域面積達一千二百七十平方公里，發源於中央山脈的雪山和南湖大山，海拔三千七百公尺，洪水流量約為每秒一萬零六百立方公尺，流經台中縣境出海。每年夏秋，溪水湍急，清代以前，行旅莫不視為畏途，誠如同治《淡水廳志》所云：「大甲溪……溪闊三里許，無水時小石葎崒可履，或外陰晴而內山暴雨，則橫流猝至。惟視內山昏黑，及有巨石衝擊聲，須急渡，稍遲則水大至不能行。」從這段描述，當不難看出往昔大甲溪的驚險萬狀。

▲大甲溪主流長一百二十四公里。（劉還月攝）

民國七十一年（西元一九八二年）八月十日上午，由於連日豪雨，遂使建於西元一九一九年（日大正八年）的大甲溪鐵道橋墩遭洪水沖毀，導致海線縱貫鐵路大甲至甲南站之間，約有二個月的時間交通中斷。此一鐵橋，雖齡逾周甲，但其構造係以鋼筋水泥混凝，外加磚石砌成，每隻橋墩皆爲十三公尺半（基礎七公尺、墩面六公尺半），相當於二層樓的高度，墩孔間並有四具鋼梁銜接，牢釘枕木，可謂極其穩固，不幸卻因溪流洶湧，而崩塌於一旦。

大甲溪鐵道橋墩沖毀，在當時可稱得上是件轟動全台的大新聞，連日各報爭相報導自不在話下。而無獨有偶，光緒八年（西元一八八二年），大甲溪上也發生過鐵橋流失的災變，且事有湊巧，兩次的鐵橋沖毀，居然間隔整整百年（按：災變之年不計，即西元一八八二年至西元一九八一年），俱是印證大甲溪之險的最佳案例。

先是光緒七年（西元一八八一年）秋，福建巡撫岑毓英（字彥卿，號匡國，廣西西林

人）渡台巡視，有鑑於大甲溪之險，乃籌募二十萬兩（一說三十萬兩），徵調民夫萬人，在溪上架設「鐵橋」（按：所謂鐵橋，即以鐵籠裝石為墩，上築以石的拱橋。）、「八字堤」，以利商旅往來及疏濬溪水，該項工程的浩大艱鉅，為清廷領台二百餘年所僅見，實開建設台灣為現代化的先河，尚早於劉銘傳五年，惜乎曇花一現，仍歸幻滅，論者無不扼腕。關於大甲溪橋、堤，因年代的久遠暨文獻不彰，爰蒐羅當時的新聞報導，旁佐其他史料，藉使工程過程略現端倪，以饗讀者。

工程始末

橋、堤俱建在後里莊（今台中縣后里鄉）通往葫蘆墩（今台中縣豐原市）的大甲溪上。光緒七年閏七月十六日，新任福建巡撫岑毓英既抵台灣，即於十八日清早啓行，十九日抵台北府。隨由陸路前往台南，沿途察看地方情形，於八月初二日抵嘉義縣，至初七日始抵台南府垣。十三日，轉往鳳山縣巡閱砲台，事畢仍由陸路返回台北。

八月二十五日，岑氏一行抵大甲溪，詢悉該溪每逢夏秋，洪水暴漲，常使行人受阻，且因「兩岸寬闊，山水迫促，一遇急流，其勢莫遏，故行者無不望洋興嘆」，岑氏問明，即飭札各府縣，每縣派夫二千五百名，限十月份之內到齊，俾興工「建築石橋」及「開河作路」，並命其隨員知府銜卓維芳承辦。卓氏受命之後，遂於八月二十九日先行搭乘「永保」輪船由台北內渡，商辦鐵籠，以備裝載石塊，堵塞洪濤，然後築橋其上。擬用鐵籠百個，據估計約需鐵、石材銀二、三十萬兩。岑氏則俟九月初二日早風色稍定，始另乘「琛航」輪船內渡（據光緒七年九月十五日《申報》閩撫回轅條）。

興建大甲溪橋、堤所需的鐵籠百個，經委

由福州船政局承造，分別由該局所屬的拉鐵廠及水缸廠督造，但鐵籠數量頗多，且擬於十月底前造完，以便解往台灣興築，雖經日夜趕工，卻因鐵料不敷使用，岑氏乃於十月上旬，派員自香港購到鐵料十餘萬斤，俾能如期完工（據光緒七年十月十三日《申報》趕造鐵籠條）。同時，岑氏也具〈彰化縣大甲溪地方開河築堤摺〉，上奏清廷，旋奉旨：「知道了。」（據光緒七年十一月十二日《申報》發抄旨一道條，引十月二十日《京報》。惟此摺不見於《岑襄勤公奏議》，內容如何，不得而知）。岑氏另奏〈開築大甲溪緣由片〉，茲迻錄全文如次：

再，彰化、新竹兩縣交界之大甲溪，地當衝要，每遇春、夏之交，溪水氾濫異常，田地多被沖沒；行人遭溺斃者，亦復不少，久爲地方之患，臣此次渡台，據沿途官紳面稟前情，飭行大甲，當即沿溪踏勘。查此溪離海不遠，兩旁皆山。寬有六百二十餘丈，既不能建橋，而盈涸無定，又不能行舟。再三審度，惟有開挖河道，即以溪中亂石，用篾籠間雜鐵籠，裝築長堤，形如八字，將各股溪水束歸河中，流入於海，即可用舟過渡，不致爲害；仍另開堰溝，以溉田畝，並將兩岸荒地招佃開墾，於民生實有裨益。至河堤須築三、四丈寬，中間雜種竹木；數年後，根深蒂固，可期堅久，詢諸官紳耆老，僉以爲然。並據該紳等面稟：情願於冬季農隙之時，捐助夫役，聽候分派。所需篾籠、鐵籠等物，即由台灣、台北兩府舊存海防經費開支。現飭印、委各員分投採辦，俟仲冬臣復行渡台，順便親督開築，並派附近防軍協力相築，以期剋日蕆事。臣謹附片具陳，伏乞聖鑒訓示，謹奏。

此片旋經軍機大臣奉旨：「知道了。」（據

光緒七年十一月十四日《申報》引十月二十四日《京報》閩撫岑奏開築大甲溪緣由片條，另據《岑襄勤公奏議》，係發稿於九月二十六日，題作〈興修大甲溪河堤片〉)。

十一月初八日辰刻，岑氏親往設於馬尾的福州船政局，勘視所造的鐵籠，即由「永保」輪船先裝載十四個運台。同日未刻，岑氏隨帶黔軍百名登船渡台。先於船上祭告天后、江神後，於申刻開行，但因東北季風甚大，乃於是夜泊於館頭。且又連日陰霾寒凍，恐起颶風，遲至十三日天色稍霽，始敢出海。(據光緒七年十一月二十五日《申報》閩省近聞條)。按：岑氏復行渡台日期，據《光緒朝東華續錄》卷四十五載：「十一月戊午，岑毓英奏：『本月初一日，復行渡台籌辦撫番事宜，並督修城池、砲台、河堤各工程。』此與前者略有出入)。接著，岑氏又派「琛遠」輪船裝運鐵籠一批抵台，趕赴大甲溪候用(據

▲架木爲橋，爲渡河最簡單的方法之一。(劉還月翻攝)

光緒七年十二月十二日《申報》福州瑣聞條）。

十一月二十九日，岑氏命台灣道劉璈前往大甲溪附近的撲子口（按：即樸仔籬，今豐原市朴子里）查看水勢，及涑東（按：即揀東，今台中市附近總稱）一帶地方情形。劉氏經實地查勘後，即於十二月初六日，稟報〈查看彰化撲子口等處地形由〉，有云：

職道遵於二十九日叩辦後，即赴撲子，逐處查勘。該處與土名翁仔地方（筆者按：今豐原市豐社里）毗連之間，兩岸均有石脚，原係沙石結成，雖不甚堅，溪水從未衝塌，似尚可靠。自南至北，計長一百零四丈，擬建石拱橋一道，分作十數甕，每甕約寬六、七尺，高五丈之譜，須顧內地慣造拱橋之石匠到地審量，方可定局。橋裏陪石，本地尚可採辦；其作甕拔尖露面各石料，須赴內地採運，約估工料經費，總在十數萬金。惟諮詢鄉者，該處溪口較窄，每遇山水暴發，時有大小樹木隨波捲下，勢甚洶湧。且溪北至新竹路徑，能否便捷，亦須履勘明確，再行酌議。

由船政局代製的鐵籠積方橫、直各一丈，體位頗大，故每次輪船渡台，只能裝載十餘個，且到達基隆之後，無船接運，又得將鐵籠拆開，改以民船陸續轉運至大甲溪邊，頗爲費事。爲此，岑氏屢催承辦鐵籠採購的知府銜卓維芳、同知銜畢某等兩委員趕解鐵籠，限年底以前完成交貨。時爲十二月初，但福州船政局已宣布自十二月十一日起停工，翌年（光緒八年）新正二十一日開工，因此鐵籠未造者，則須俟年後方能繼續動工，可見大甲溪橋、堤工程在當時所受掣肘的一斑（據光緒七年十二月十九日《申報》建橋待料條）。

大甲溪因冬晴水淺，可以猛施人力，有利工程的進行，故岑氏乃把握此一良機，不辭勞瘁，甚至不惜駐節台灣度歲，以便督視，並擬於完工後，始行內渡（據光緒八年正月十九日《申報》閩撫駐工條）未幾，橋、堤大功告成，岑氏乃於三月十一日申刻，乘「永保」輪船內渡。（據光緒八年三月二十六日《申報》福州官報條）。

橋、堤既成，全長一百五十丈，護橋鐵籠四十座，岑氏大喜，曾詠七言絕句一首以記其事，據連橫《台灣詩乘》云：「岑襄勤公毓英，以光緒七年任福建巡撫，巡視台灣。台有大甲溪，險控南北，源自內山，奔流而西，以達於海，夏秋之間，水急難渡，而台北方事建設，襄勤乃勸捐紳民，捐資二十萬，以造鐵橋。既成，為詩以紀之。詩曰：『甲溪如海闊茫茫，病涉民間釐是傷。昔日帝封今有奠，狂瀾自此慶安祥』。」

此外，大甲溪兩岸的大甲鎮鎮瀾宮與後龍鎮慈雲宮，均有光緒帝御筆的「與天同功」匾額，相傳均與大甲溪橋、堤工程有密切的關係，尤以後者已確定為岑氏所立，當係工程即將蕆事時，為酬神恩，乃以此作為獻禮的。

關於大甲鎮鎮瀾宮「與天同功」匾額的由來，該宮有一則荒謬的說法，說是：「清光緒三年（西元一八七七年）歲次丁丑年間，光緒皇帝欽命楊本縣蒞任，建造大甲溪堤防，因河床較高，遇雨季則水四溢，不能如期完成，楊本縣寢食不安，苦思無策，後經地方人士指點，來廟焚香求救，是夜果夢聖母啓示『甲子日當助洪水三日事成矣』，楊本縣醒後百思不解，至甲子日，果然洪水翻浪，沙沙之聲如同人工在搬運，三日後洪水消失，而河床沙石均被洪水沖洗無幾，楊本縣始解，隨即進行，完工回朝覆命，光緒帝

御筆賜匾一面『與天同功』。(引自高綉蘭〈大甲鎮的精神堡壘鎮瀾宮簡介〉，文載《台灣風物》第二十九卷第二期)。文中所謂的楊本縣，當是指嘉慶十六年(西元一八一一年)任彰化縣知縣的楊桂森而言，全台民間流傳甚廣的「楊本縣敗地理」傳說，即與其有關。而所謂的光緒三年「建造大甲溪堤防」一節，顯然是光緒七年岑毓英事蹟的翻版。那麼，豈能由嘉慶年間的知縣奏請光緒皇帝頒賜匾額?事實上，「與天同功」乃係由閩浙總督何璟於光緒七年十月間奏〈請頒賜匾額片〉云：

再，臣渡台時，據淡水、基隆等處紳耆稟稱：『台灣各屬均建有天后神廟，每遇風雨爲災，虔誠祈禱，輒著靈應。本年六月十九日暨閏七月初一、二、三等日，台灣沿海地方疊遭颶風狂雨，勢甚危急；紳耆等偕同地方官禱於天后神廟，幸蒙神靈顯應，風雨頓止。海濱居民田盧，不致大有傷損。稟懇奏請頒賜匾額，以答神庥』等情；並據該府、縣稟同前由。臣等查廟祀正神，能禦災捍患、有功德於民者，例得請頒匾額。今台灣各屬天后神廟祈禱輒應，功德在民。合無仰懇皇恩頒賜

▲光緒帝曾頒多塊「與天同功」匾。

匾額一方，故謹刊刻，分送懸挂，以昭崇報。謹附片具陳，伏乞聖鑒訓示！謹奏。」（據光緒七年十一月十七日《申報》引十月二十五日《京報》閩督何奏請頒賜匾額片條）。

此片旋經清廷准奏，據《光緒朝東華續錄》云：「（七年冬十月）辛未（十二日），頒給台灣各屬天后神廟匾額」。

從上引官方文件，證以現存台灣各地的「與天同功」匾額，可證此件原係「頒給台灣各屬天后神廟」的，故北起宜蘭、南至鳳山，全台各廳縣較具規模的天后宮均有之，而與大甲溪橋、堤工程無涉，當然大甲鎮瀾宮「光緒三年楊本縣築大甲溪堤」之說，顯然附會所致，不足憑信。蓋興工、賜匾均為光緒七年事，民間不知原委，乃誤以為兩者之間互為因果關係，而混為一談，百年之後，以訛傳訛，遂出現牛頭不對馬嘴的情況（按：楊係嘉慶間人，焉能於光緒三年築大甲溪堤？且「與天同功」匾額也非頒於光緒三年），姑附此辨正。

至於苗栗縣後龍鎮慈雲宮的「與天同功」匾額，則應非由朝廷直接頒賜，而是經由福建巡撫岑毓英所立，故原件雖頒於光緒七年十月，而慈雲宮匾額，卻立於光緒八年正月，其間最大的差異，乃在於後者另出現記載立匾時間、名銜的上下款，文曰：「光緒八年正月奉。太子少保頭品頂戴兵部尚書福建巡撫部院一等輕騎中郎尉臣岑毓英敬立。」光緒八年（一八八二）正月，正是大甲溪橋、堤工程即將完工的階段，時岑氏方駐節後龍督視。據筆者的臆度，岑氏立匾的動機，一方面固然是酬謝神恩，另一方面當含有安撫後龍地區民衆的意義，而大甲鎮瀾宮甫獲朝廷新頒匾額，岑氏自無請旨另獎慈雲宮天后之理，可能即就近自鎮瀾宮摹製「與天同功」

匾額於慈雲宮懸挂，而成為台灣地區御賜匾額出現臣工「敬立」的罕見特例。同時，鎮瀾宮「與天同功」匾額，相傳與「築大甲溪堤」有關，而附會於「楊本縣」之說，或許即淵源於此。

輿情反映

大甲溪的建造橋、堤工程，自光緒七年閏七月籌劃，迄八年二月（或三月初）竣工，雖僅八個月而已，但對地方影響之大，卻是前所未有的。其中徵調民夫多達萬人，更使民間怨聲載道，據岑氏原來的計劃是「每縣派夫二千五百名」，另有地方士紳「情願於冬季農隙之時，捐助夫役」，而不幸的是當年彰化縣濱海地區發生嚴重饑荒，有司遂採取以工代賑之策，令富室出糧，饑民出力，結果民夫萬人遂全來自彰化、新竹二縣。當時各堡都設有正副「民夫管帶」，以資管理，茲以揀東為例，即由社口莊（今台中縣神岡鄉社口村）人林振芳任民夫管帶，而潭仔墘莊（今台中縣潭子鄉）人林其中則副之。

官方的徵調民夫是主要的人力來源，當時彰、竹兩縣士紳多參與此項工作，上述林振芳、林其中任揀東堡正副民夫管帶乃是。其次，則是地方士紳「情願於冬季農隙之時，

◀水勢湍急的大甲溪，橋樑數甚多，浩長的東豐大橋即為其一。（劉還月翻攝）

捐助夫役」，惟史料缺乏，目前僅知彰化縣阿罩霧莊（今台中縣霧峰鄉）人林朝棟曾募集壯丁數百以助，據林資鏘撰《先考蔭堂公家傳》有云：「先考諱朝棟，字蔭堂……歸台後，適岑毓英奉旨巡台，治水大甲溪。先考集壯丁數百協助，不費公家一錢。其駕馭工役，用什伍之法，正如王守仁之督造越王墳也，岑公奇之。」文中有「不費公家一錢」之語，正與岑氏所言地方士紳「情願」捐助夫役相符，當然這些夫役的來源，無疑的必是出自各紳的佃戶。

此項工程不但民間頗有怨言，甚而知識份子之中，極力反對的，也大有人在。淡水廳舉人吳子光所著《經餘雜錄》稿本卷十之末，附有一篇可能是他僞託爲作者佚名的〈治大甲溪議〉，據吳氏稱：「此篇不知誰人所作，予從同志案頭見之，愛其議論明通，故錄附集中以俟訪求云。」這篇〈治大甲溪議〉，從內容看，脫稿時間當在工程末期。吳子光且「愛其議論明通」，故此文及作者原評，頗能代表若干知識份子的心聲，茲節錄如次：

環台皆海也，中有大甲溪，爲南北路往來要津，水源出生番界內，初甚淺狹，及後吐納百川，歸注一壑，遂成巨浸，廣十里許，袤倍之。每歲夏秋之交，必發洪水數次，其至也，如萬里黃河泥沙雜下，山中朽株枯木挾怒濤毒浪以西奔，杈枒撞擊，雖有長堤厚堰靡堅不破，聞兩岸所有洲渚，皆昔之田畝所成，農丈人每指述之。尤怪者，沿溪多曲隈深瀨，每聞水聲夜吼，次日必暴漲，渾濁如土色；或天大風與炎風，雲霧晦冥，鬱蒸久之，雖不雨亦有水患，至時舟楫絕蹤，如唱箜篌者一聲聲公無渡河也，蓋蠻煙瘴雨之鄉，天時地氣，皆與內地迥殊，有難以情形測者，台人問津至此，姑以缺陷還之山川，

而補苴罅漏之術不與焉。光緒七年秋，中丞岑公渡台，見之，慨然有障百川挽狂瀾之志，令淡、彰諸邑，派捐夫萬人，官吏書檄以促之，衣冠了鳥以助之，雷厲風行，竟無人封還憲檄，爲台民請命於一朝者，何也？問其治水之法，曰廣者束之使狹，淺者濬之使深，壅者疏之使利，以決以排，用杙用綆，總不出歐陽元水利之說近是，費矣哉此役也。昔梁武帝以鄰國爲壑，築浮山堰，三年不成，役夫死者數萬，史冊譏之，《水經注》言之。是役也，中丞志在宜民，固非蕭梁秕政比矣。然論者謂茲河土薄水惡，與郇瑕氏無異，加以風霾雨殪，波齧石泐，小民千指之力，不敵陽侯一怒之勢，竊恐河工難成，成亦恐難久耳。余謂事之成否不可知，但募役至萬人，台工值最昂，每工月需費十金，以二月爲期，則需金至二十萬，而染指啜汁於其中者，又必取盈焉，幾費五十餘萬金，於青銅則五四百萬矣；殫百萬之脂膏，塡不毛之溝壑，利未至而害先嘗，是黃金虛牡之說也，不然其何勞之敢憚？或聞中丞之言曰：『河平而水涸，則兩岸皆成良田』云，余謂無備而官辦者，猶拾瀋也，富父槐已言之矣。天下無不可爲之事，所難者金錢耳。今不費太倉一粒、清俸一金，而動大衆興土工，立成數千頃之田，增十數萬之賦，此紙上談兵耳。嘻！天下有如斯之易事哉？（按：以上原文）

動衆至萬人以上，靡費至百萬以上，雖國史必以書，重民事也，乃千鈞之弩，專爲鼷鼠發機，一味塗飾耳目，小題大做，此與甘始作黃金數萬斤塡海何異，是亦不可以已乎！是冬台地歉收，彰邑濱海民有饑而死者，官長議蠲議賑，取償富室，於是力役之征與粟米之征，一時並興，富室以爲苦。……。（按：以上原評）

▲夏秋之際颱風多，河川經常是浪濤洶湧，對橋墩危害頗大。（劉還月攝）

工程期間，由於官憲、差使往來頻仍，遂暴露一項沿襲已久的弊端。原來新竹縣署早設有挑夫、轎夫，以備官憲蒞臨時扛挑物件，另各地尖宿地方也設有「夫店」，性質與前者相同，均接受縣署的僱用。但這些挑夫、轎夫之間，卻有一項陋規，即每向過境的官憲、差使，勒索額外的報酬，如有不從，不但夫役互相推諉，甚至「夫店」也多方刁難。光緒八年初，巡撫岑毓英由大甲前往台北，也曾發生類似的遭遇，新竹縣知縣徐錫祉乃於正月十七日嚴令禁止，告示分別張貼於中港街、後壠街，略謂：

案據一快站堂役戴傳稟稱：「竊查本衙門原設有挑夫、轎夫，以應大憲按臨扛挑物件。茲各站尖宿地方，雖多設夫店，一逢憲差臨境，卻僱民夫幫湊，竟敢多方勒索，稍有弗遂，即以乏夫推諉，希圖卸責。如中港夫店葉仁、葉牽、連仲、林金城、林萍，及後壠夫店楊添、朱旺、陳愿、朱送等，正月間，屢次調夫，置身度外，是其明證也。現值大甲堤工未竣，差使絡繹不絕，請出示曉諭，並飭中港、後壠等處各總保，認眞辦理，以循舊章，而免貽誤。」等情。據此，查此次

撫憲由大甲前往台北，凡有經過尖宿各站，多有逃夫，而各該處夫店，又多方刁難，不肯僱請人夫，實不成體統！據稟前情，除批示並分諭飭遵外，合行示諭。爲此示仰各街挑夫店、轎夫店人等知悉：自示之後，凡遇大差臨境，倘有缺乏人夫，應由該地總保僱倩齊集，幫同扛挑物件，所需夫價，仍照舊章，由署發給，斷不缺少分文。倘敢臨時推諉、貽誤，定提該夫店爲首之人，從嚴究辦，絕不姑寬。

此外，該縣另諭中港街總理葉楚、地保陳人和、後壠街總理杜和安、地保鄭文福等人，須認眞辦理夫役，文件內容與上述告示大同小異，茲不轉錄。

山洪沖毀

作者佚名的〈治大甲溪議〉有言「竊恐河工難成，成亦恐難久」，這兩句話正代表當時民間最普遍的看法，當然時間能證明一切。不久，果眞不幸而被言中。

光緒八年春，大甲溪橋、堤竣工，三月十一日，巡撫岑毓英內渡，一個月後（即四月中旬），就因溪水暴漲，沖壞堤身二十餘丈，旋即修好（據光緒八年九月十八日《申報》閩省瑣聞條）。關於此次的修理情形，岑氏於五月廿九日奏有〈修理大甲溪暨基隆營碉報銷片〉可供參考，有云：「再，現據駐守大甲溪委員知府馬世麟等稟稱：『四、五月間連漲大水，僅護堤小有坍塌，已僱夫修補。其兩岸大堤，均無損壞，附近三十六莊田地，皆得保全』等情。查新造大堤，係以篾籠間隔鐵籠裝石築成；南北兩岸共計二千餘丈，高一丈至一丈二、三尺，厚四、五丈至七、八丈不等。外築各小堤，以殺水勢，本係工堅料實。但此溪兩旁皆山，每遇水發，勢甚洶湧，

必須籌備歲修，始能堅久。臣已函囑台灣道劉璈酌提閒款，妥爲經理。俟數年後兩岸田地漸次開墾收租，修費有著，即毋庸籌發，從此民不病涉，驛路暢通，於防務亦有裨益。」

至六月下旬，大甲溪又因大雨而「溪漲於內，浪激於外」，加以兼旬不止。七月初，再度風雨交作，溪水暴漲，橋、堤全告沖毀。風雨過後，依舊兩岸平沙，只剩鐵籠十餘個飄泊溪邊，大石數堆隱現溪中而已（據光緒八年九月十八日《申報》閩省瑣聞條）。

至此，數十萬兩的經費暨萬餘名人夫的勞力，頓成泡影，距工程蔵事，不過四月而已。故光緒九年（西元一八八三年）四月初八日的《申報》曾予評論道：「上年大甲溪鉅橋告竣，甫閱月即被山洪沖塌，計有護橋鐵籠四十座，每座可儲石萬斤。洪過後，或沉沙，或入海，其猶屹立於溪中者，不過八、九座而已。觀此從來未有之奇工，造物者若有以相妬者，然則蔡忠襄洛陽橋之建，至託爲有神鬼之呵護者，又非不足盡信矣。」

此外，於光緒八年奉委至宜蘭催收城捐事的黃逢昶（字曉墀，湖南湘陰人），亦曾目擊大甲溪橋、堤沖毀後的景象，有「台灣竹枝詞」詩詠道：「南北衢通大甲溪，洪濤巨浪湧前堤，行人到此愁無奈，喚救聲聲共鳥啼。」原註：「大甲多山，陰霾瘴雨，終歲不改。山水奔流，行人不敢經過。有時晴霽忽雨，進退維谷，葬於魚腹者多矣。岑宮保鑄鐵籠，修築堤防，行人歌頌，今又衝倒，非愚公復起、神禹再生無濟也。」字裏行間，顯然對治大甲溪已感到絕望。

橋堤辨疑

大甲溪建造鐵橋與八字堤，從上述工程始末，自無疑義，但光緒十三年（西元一八八七年）三月十二日，台灣巡撫劉銘傳奏（擬

修鐵路創辦商務摺〉卻稱：「台北至台南六百里，中隔大溪三道，春夏之交，山水漲漫，行人斷絕，無能往來。大甲、房裏兩溪，急須造橋，以便行李。查大甲、房裏、曾文三溪，大者寬至十里，其次小溪二十餘道，或寬百餘丈。大甲溪經前任撫臣岑毓英督修石壩，以阻漫流，並未修橋，已花洋元三十餘萬，數月溪流沖刷，今已無存。」劉氏認爲大甲溪「並未修橋」，這當是受光緒七年十月間岑毓英先後所奏〈彰化縣大甲溪地方開河築堤摺〉、〈開築大甲溪緣由片〉的影響，蓋前者只言開河築堤，後者也稱「既不能建橋」、「又不能行舟」，並主張建築「形如八字」的長堤。同年十一月底，岑氏重渡台灣後，奏報清廷，仍只提到督修「河堤」工程。但後來岑氏於〈修理大甲溪暨基隆營碉報銷片〉則稱「從此民不病涉，驛路暢通」，這分明是已建造橋梁的說法，正符岑氏當初巡台時的本意，否則只築堤而不造橋，行人

▶水勢險惡的大甲溪，早年設有多個「義渡」。（劉還月攝）

仍將望洋興嘆，那麼岑氏又何必勞師動衆？

據筆者的了解，岑氏所言的「既不能建橋」、「又不能行舟」，是當時「沿溪踏勘」的調查報告，指的是以往的情形，不能與後來的工程相提並論。且所謂督修「河堤」，實際上是泛指整個工程而言，即包括鐵橋與八字堤，因爲修築鐵橋僅是河堤工程的一部份而已，故通常僅稱「堤工」以概全部，致當時的史料,乃出現兩種紀錄,甚至稍後還有「並未修橋」之說。

史料之中，僅稱築堤而不及於架橋的，除岑氏奏摺外,他如前引新竹縣告示所云:「現值大甲堤工未竣」。《清史稿》列傳一百二〈岑毓英傳〉云：「七年，調福建，督辦台灣防務，濬大甲溪。」（按：《清史》列傳所載相同）社口《三崑家譜》林佐璿撰〈英正昌業公事宜〉云：「七年冬，閩撫岑毓英築堤大甲溪。」前引林資鑣撰《先考蔭堂公家傳》云：「適岑毓英奉旨巡台，治水大甲溪。」前引黃逢昶詩註云：「岑宮保鑄鐵籠，修築堤防。」等均是。

惟光緒七年九月十五日起，至九年四月初八日間，上海《申報》的報導，屢提及「築橋其上」、「督造台灣鐵橋」、「趕造大甲溪鐵橋」、「督理橋工」、「大甲溪橋梁」、「大甲溪鉅橋」等字句，且前引台灣道劉璈奉岑氏之命，於光緒七年（一八八一）所做的查勘報告，也有「擬建石拱橋」之議。另據近年發現的進士邱逢甲《柏莊詩草》殘稿（按：僅存光緒十九年部份），其中〈大甲溪歌〉序有云：「庚辰、辛巳間，西林岑中丞役台民於下流壘石堤，渡以鐵橋。中丞去，堤圮橋壞不可復，蓋潦之爲害云。」邱氏爲當地翁仔社人（按：翁仔社近大甲溪，正是劉璈踏勘時所擬的建橋地點），土生土長，目擊其事，所記「壘石堤，渡以鐵橋」當屬可靠。

日治初期，日人復於岑氏修橋原址重建鐵橋，據《新竹縣志初稿》記云：「大甲溪橋，在大甲溪，距縣南一百零二里，爲後里莊往台灣縣葫蘆墩之所。橋長□丈，寬約五、六尺。光緒七年，福建巡撫岑毓英捐資創建，後洪水衝壞，西元一八九八年（日明治三十一年）重建。」又連橫《台灣通史》亦云：「光緒七年，福建巡撫岑毓英巡台，以大甲溪爲南北要道，溪大流急，每苦難涉，乃勸捐紳富捐，助以官帑，築堤架橋，以鐵桶積石爲礎。橋長百五十丈，費款二十萬圓。越年六月十七、八日，山水驟漲，奔流挾木而下，橋礎斷絕堤潰六百餘丈。巡道劉璈擬修，飭台北府查勘，費需數萬圓，璈再集紳富議捐，衆以溪險流大，恐無益。其時秋漲方盛，驟難施工，遂止。」總之，種種證據都顯示光緒七年大甲溪橋、堤是同時興建的，而若干文獻史料僅稱「堤工」，實際已包括架橋在內，是一種籠統的寫法，絕非如劉銘傳所謂的「並未修橋」。

結語

花費二、三十萬兩，徵調民夫萬人，而使大甲溪橋、堤工程，被譽爲「從來未有之奇工」，但數月之間，冰消瓦解，仍歸烏有，落得勞民傷財的下場，這是岑毓英始料未及的，當然也是其畢生莫大的遺憾，故《清史稿》及《清史》的岑氏傳記，俱記爲「七年，調福建，督辦台灣防務，濬大甲溪。」而光緒十五年岑氏既薨，由張裕釗撰的「誥授光祿大夫贈太子太傅雲貴總督岑襄勤公神道碑」，於光緒七年岑氏的行事，卻將「濬大甲溪」四字刪去，改爲「七年，改福建，督辦台灣海防。」可見岑氏對大甲溪工程失敗，至死仍是頗耿耿於懷的。岑氏事雖不成，但其排除萬難的魄力，仍是值得後人所景仰的。

3／濬被竹山農業兩知縣

——記清知縣胡邦翰與李振青

胡邦翰與李振青澤被竹山，
前者爲爭取田地減免稅額，
不辭勞苦；
後者爲保護竹材運輸免遭勒索，
盡心盡力。

竹山媽祖宮（連興宮）後殿，奉祀著三個牌位，香客們到此，大多行禮如儀，很少有人去注意牌位上的文字。牌位當中，有一座刻著三位清代官吏名銜的，最值得我們加以探索；牌位背後，隱藏著兩位清代彰化知縣澤被竹山的故事，目前除了有心鄉土史蹟的人以外，已經少人知道它的來龍去脈了。

牌位的中央寫著：「欽命署理閩浙總督巡撫福建兵部右侍郎督察院右副都御史定公諱長恩憲祿位」；左右分別是：「賜進士出身文林郎知台灣府彰化縣事加五級紀錄四次胡諱邦翰祿位」、「特調福建台灣彰化縣正堂加六

級記大功二次紀錄七次松吟李老爺祿位」，祿位上雖列有閩浙總督定長以及先後任彰化知縣胡邦翰、李振青（松吟）等三人。不過，「定長」之所以列名祿位，純因他係頂頭上司的關係，眞正讓竹山人長留去思的好官，只有胡邦翰與李振青。

胡、李兩人出任彰化知縣，相差約七十年，事蹟沒有關聯，前者是爲了爭取田地減免稅額，不辭勞苦，後者則是爲了保護清水溪竹材運輸免於遭受勒索，盡心盡力，同樣有恩於竹山，香火千秋，並垂不朽。

胡邦翰籲請減則

胡邦翰字雄白，他是浙江餘姚人，乾隆十七年（西元一七五二年）壬申科進士。十年後，調任彰化知縣。胡邦翰在彰化縣任內，有兩項重大建樹，一是創設留養局，收容窮民，一是建置義塚，澤及枯骨，這些有形的地方建設，《彰化縣志》及其他文獻、碑石，都留有豐富史料。在《彰化縣志》〈官秩志〉有胡邦翰傳記，說他「實心實政，無日不軫念民艱」，除了上述留養局、義塚外，最受後人稱道且「惠最無窮者，莫如減則一案」，所謂「減則」，就是減免田租，發生地點在竹山一帶。此案過程，傳中有很簡單的描述：「先是水沙連荒埔墾闢成田，已報陞科，忽連年

▲供奉於連興宮後殿胡、李二人等的牌位。

水災，沖崩壓壞者，不可勝數，又年不順，成穀無半穫，民受課累，日追逋欠。邦翰知民疾苦，爲請大吏，備陳情狀。適制憲巡台抵彰，邦翰即躬導制軍，詣勘跋涉畎畝間，不辭勞瘁，復爲哀籲再三，制憲憫其誠，乃爲奏請豁免水沖田園數千甲舊欠供課數萬石，仍請減則，詔報可，民咸知爲邦翰力，雖婦孺猶歌頌弗忘焉。」按制憲或制軍，都是總督的敬稱，巡台的這位制軍，就是當時以福建巡撫署理閩浙總督的定長。

爲了這些被水沖崩壓壞田園，胡邦翰在定長巡台之前，就已幾度向「大吏」請命，「備陳情狀」，所謂大吏，應指台灣道、府等地方官而言，可惜茲事體大，豁免舊欠供課及減則，地方官作不了主，自然沒有得到任何回應，可是胡邦翰仍不死心，終於遇到總督巡視彰化的大好機會，親自引導踏勘災情，並且「哀籲再三」，最後感動了總督，奏准豁免

永懷追思——李振青

李振青爲貴州興義人，監生出身，歷署長泰知縣、永春知州，嘉慶間，任金門縣丞。任內戢盜甚力，割俸爲浯江書院期課膏火、祭費，以卓異陞去，旋爲同安知縣，再委署彰化知縣。他在處理過水沙連放運竹木糾紛之後，不久就卒於任，時間約在道光六年二月或三月。金門人聞訊，祀於浯江書院，《金門志》〈循吏〉有他的傳記。李振青身後甚爲蕭條，道光間，台灣道周凱爲澎湖蔡廷蘭《海南雜著》撰序，曾自注：「壬辰夏，越南使臣工部郎中陳文忠、禮部外郎高有翼、行人陳文恂送故彰化縣李振青眷屬來廈門。」壬辰，爲道光十二年，上距李振青卒於任上的時間，長達六年之久，這段期間，他的眷屬似乎一直都羈留在台，好不容易纔有機會內渡，不幸竟遭颶風飄至越南，由越南使臣順道送至廈門，無論是胡邦翰或是李振青，都已逐漸被人遺忘，爰勾勒相關事蹟，藉表去思！

▲李振青諭示碑。

舊欠與減則，民衆知道這項好消息，都歸功於胡邦翰的爭取，而在天后宮後設置胡公祿位祠，據說「凡遇胡公誕辰，家家慶祝，如奉生佛然」。

胡邦翰籲請減免稅額的田園，《彰化縣志》僅記爲「水沙連荒埔」，沒有明確地點，以現存社寮「石牌仔」（地名）的「兩甲作一」碑加以推敲，應在社寮、后埔仔一帶。按所謂「兩甲作一」碑，立於乾隆三十九年（西元一七七四年），爲彰化知縣張可傳在「奉上憲奏題減則」後發生糾紛所作的諭示，也就是從胡邦翰案再衍生的另一個案子。胡邦翰的籲請減則案，只是個開端，之後仍有一連串的紛爭與陳情，與減則案並不盡相同。「兩甲作一」碑，據《雲林縣采訪冊》所記，早在清末光緒年間，「其字蹟已就漫沒」。

二次戰後，劉枝萬編《台灣中部古碑文集成》，上距清末又過了五、六十年，這時僅能辨認二百一十二字，文字無法連貫，很難瞭解碑文內容。如今，又過了數十個年頭，碑文風化程度愈爲嚴重，幾乎成了無字碑，愛好訪古的朋友常爲之嘆息不已。我曾參照拓本、原碑，運用各種方法，勉強辨認四百三十字左右，接近原碑七成，總算差強人意，在此不妨抄錄全文如後：

奉憲示

特調福建台灣府彰化縣正堂加三級紀錄十八次張　爲案承　憲批□□懇恩勒石永遠遵行事據水沙連保前后埔仔等庄佃民鄭學海等具呈前事詞稱學海等前后埔仔等庄佃□□報墾田四十甲九分及瘠園一百九十六甲六分查

定例每田一甲完租□石每園一甲完租貳石□
□□據築□□□□□□□築圳一條引濁水灌
溉低窪田地因水勢湍急土堤□□溪水□□□
□□□□□迭任□□□□□□□□□□沖崩
□□修理動費錢□□逐年工□□□伙食粟石
總計千數百兩□□□□□濁水□□□□□□
□□□□不堪耕種此等情形□歷　□□□□
可據前各佃於田頭地角竭力□□□□□□□
□□□□□□□□□□除原額□□於外□□
七十八甲六分□而地勢崎嶇水圳叢險皆所目
擊于乾隆三十六年五□□□□□□□□等以
□□□□□□具呈請免改則陞科經蒙于□□
糧□案內詳請　列憲蒙責諸邑主□□□□□
□□□□□莅任念切□□□復遵原詳該處前
后埔仔及各庄計丈請□田一百三十七甲五分
仍然□□□□□每甲二石完納□征□□□前
例撥抵張天等水沖無征租餉耗免令改則加征
誠洞見圳工□減□□□□至意也□乾隆三
十九年八月初七日奉　批示如詳□□飭遵各
在案是海等復邀　列憲仁慈□□□□□□□
敢不恪守成規永遠遵行第恐地方奸棍撓海等
築圳耕種稍有收穫視爲奇貨未免生端撓害□
□□□□□□□僉恩給示勒石□□□後不許
生端　害俾得安心樂業沾恩靡既切呈等情到
縣據此案查□□□□□□該處田園經前縣胡
□□□親訊鳩工築圳設計動費浩大萬難築成
未便勒令六年陞田完賦等因□□□□□允准
在案嗣經各佃□□等于乾隆三十三年呈報請
改田則復經前任王　丈報撥抵張天等被沖□
□□□□十□□到此□□免□□□業奉□□
□批允准行知遵照各在案除轉前情除批示外
合行出示曉諭爲此示仰水沙連保該處保甲居
民人等知悉爾等即便安心樂業□□□□租□
免令改則陞科倘有奸民從中阻撓□□公具稟
以便嚴拏究辦各宜凜遵毋違特示此□
乾隆三十九年十一月

初六日給

發前后埔仔庄壁

碑文大致是敍述前后埔莊佃民鄭學海等所耕種的田四十九甲九分、園一百九十六甲六分，築圳引濁水溪水灌溉，並報請陞科，按定例課徵，但因濁水溪水勢湍急，土堤崩壞，又加上修理費用甚高，以致「不堪耕種」。於是各佃人又在「田頭地角」竭力開墾，共七十八甲五分。這些補墾的田地，大多地勢崎嶇，難以耕種，胡邦翰乃親自邀集衆人築圳，但因動用經費浩大，歷經萬難，才告築成，爲了這個原因，胡邦翰「未便勒令六年陞田完賦」。至乾隆三十三年（西元一七六八年），各佃才報請改則完賦，三十六年（西元一七七一年）五月，各佃以負擔過重，又具呈「請免改則陞科」，經彰化知縣遵照上憲批示，將前后埔仔及各莊重新計丈，共有田園一百三十七甲五分，仍按園每甲徵二石定例完租。三十九年八月，終於獲上憲批准免改則加征，佃民代表鄭學海等惟恐地方奸棍見其「築圳耕種，稍有收獲」，而「生端撓割」，呈請給示，同年十一月，始由彰化縣知縣張可傳勒碑示禁，俾佃民安心耕種。

捐置媽祖宮山租

《雲林縣采訪冊》在沙連堡「祠廟」部份，有一條關於胡邦翰的記事：「連興宮……乾隆中，里人公建。前彰化縣邑令胡公邦翰捐置山租若干，爲寺僧香火之資。」爲胡氏功在竹山的又一項資料。（按：連興宮即媽祖廟，早年名天上宮）

胡邦翰爲媽祖廟天上宮（連興宮）捐置山租一事，文獻上很難找到相應的記錄，幾年前，無意中曾在連興宮廢料堆中，發現僅剩半截的一塊乾隆四十三年（西元一七七八年）

古碑，係由彰化知縣馬鳴鑣給示。碑文內容，是敍述水沙連堡各莊在乾隆初年墾闢後，經丈納課。不久，仍歸荒蕪，乾隆二十七年（西元一七六二年）秋，胡邦翰「親臨駕勘」，並作諭示，除對受災田園有所豁免之外，將收成的稻穀按一九之例配入天后宮，作香油之資，十餘年後，佃民杜猛等多人聯名呈請彰化知縣立石，以垂久遠，保障雙方的權益。

據一份光諸十二年（西元一八八六年）十一月天上宮住持智鑑立給圳頭坑「現業主」林邦光的墾單，更明確的指出：「因承蒙前邑主胡奏准沿山一帶浮鬆瘠土，實不堪報課，准配天上宮以為香火之資，又經蒙前邑主馬示諭立石炳據，付僧招佃開墾，按例抽的，以崇神光。」前邑主胡，是胡邦翰，另一位前邑主馬，是馬鳴鑣，馬鳴鑣的「示諭立石」，即上述殘存連興宮的乾隆四十三年（西元一七七八年）古碑，這份墾單與之印證，解開了不少存在已久的疑問，彌足珍貴。

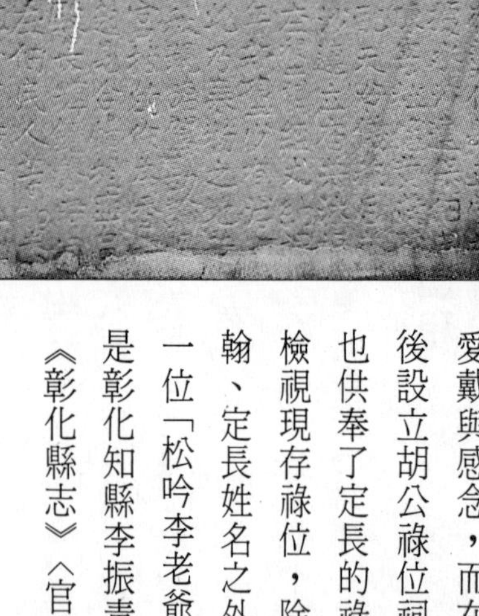

▲胡邦翰諭告居民納賦繳稅充作連興宮香油之資的「正堂馬示」碑。

李振青惠及竹業

乾隆二十七年（西元一七六二年），胡邦翰籲請署閩浙總督定長奏准豁免舊欠供課及減則，自然受到地方人士的愛戴與感念，而在媽祖宮後設立胡公祿位祠，連帶也供奉了定長的祿位。但檢視現存祿位，除了胡邦翰、定長姓名之外卻另有一位「松吟李老爺」，也就是彰化知縣李振青，按據《彰化縣志》〈官秩志〉的

記載，李振青任知縣是在道光三年（西元一八二三年），上距胡邦翰在任的乾隆二十七年，約六十年，何以李振青會併入胡邦翰等祿位，形成三位一體，令人百思不解。

祿位既是三位一體，那麼此一祿位絕非乾隆間舊物，而是道光初年地方人士併祀李振青時重新製作的；《雲林縣采訪冊》雖也提到連興宮附祀李振青祿位，但翻遍文獻史料，始終未見過相關記載，百餘年來，李振青與竹山的關係，一直是個謎，惟李有大恩於竹山，應是可以肯定的。

馬鳴鑣諭示碑發現後不久，筆者再度到連興宮溜覽，又在同一位置發現了一方完整的道光三年彰化知縣李振青諭示碑，李振青之謎，至此迎刃而解。據碑文記載，水沙連保近山居民所生產的竹、木材，向來都縛結成排，由清、濁兩溪載運出售，而濁水溪下游（清水溪與濁水溪會流）東螺一帶，以張姓居多，凡遇竹排由觸口、溪洲經過，每藉端勒索錢文，排夫劉承行、莊先進、黃克明等被索不甘，紛紛呈稟，請求官方保護。爲了這個原因，彼此之間挾有嫌隙。道光三年七月十七日，排夫劉承行僱請張受與等押運竹排出溪，以防不虞，惟竟被斗六門營陳姓守備疑係匪犯，誤拏解案，乃由總理林永、林衛、匠首陳永旺、莊耆張進、楊舉、王字、林洽、張香等出面調處，並傳同沙連保劉遠、東螺保張媽超等達成協議，以清、濁二溪載竹從觸口、溪州經過，無論大小，首尾共四節算爲一排，定錢二百文，聽由總董僉舉公正之人鳩收，充沙連保林圯埔街天后宮及溪州元帥廟爲香燈諸費。翌年（西元一八二四年）五月，由知縣李振青出示曉諭，不許藉端多索，以杜滋事，並勒石連興宮，以垂久遠。這項協調竹排放運免於遭受勒索的善政，爲目前所知李振青對竹山的貢獻。

4／腦竈烟銷洋商渺

——集集樟腦業興衰史

商人沈鴻傑攜鉅金入集集，
開設當地第一個腦館瑞興棧，
爲集集腦業興盛史寫下新頁；
但逢政權更替、腦利歸官，老又遭喪子之痛，
事業因此一蹶不振。

南投縣集集鎮舊街內，有座媽祖廟，名廣盛宮，一進三川門，迎面就可發現懸有一面光緒二十年（西元一八九四年）重修時所立的「荷德如山」匾額，爲當時「重修董事」所立。

筆者得有機緣，屢過廣盛宮，瀏覽宮內匾聯文物，乍見此匾列董事之一的「沈鴻傑」三字，總有似曾相識之感，台南名史家連橫的岳父就叫沈鴻傑，不但《台灣通史》下冊的〈貨殖列傳〉附記其事蹟，甚至書前圖版亦刊有全身照片。筆者當時以爲天下之大，同姓同名者何其多，何況台南、集集兩地相

光緒甲午年仲冬中澣吉旦立

荷德如山

沈鴻傑
林天龍
重修董事高拱辰仝薰沐敬送
林蔭動
張大治

▲「荷德如山」匾文行款。

隔迢遙，此一「沈鴻傑」，或許另有其人，於是查證的事，也就不了了之。

民國八十二年（西元一九八三年）年初與友人陳拙園兄再過廣盛宮，古匾依舊，攝影存眞之外，初步有了一探究竟的念頭。集集歸來，急取《台灣通史》查閱，惟並不抱著太大的期望，因爲即使書中載有沈鴻傑傳記，但也不能將他與匾額上的沈鴻傑劃上等號。

翻開《台灣通史》〈貨殖列傳〉，在列傳之後所附「連橫曰」的一段後記，赫然發現記有：「集集爲彰化內山，自匪亂後，腦業久廢，先生（指沈鴻傑）知其可爲，入山相度，建寮募工，教以熬腦，既成，配歐洲，歲出數萬擔，大啓其利，至者愈多，而集集遂成市鎭。」至此才告確定匾上重修董事之一的沈鴻傑，果然就是連橫的岳父，因當年在集集經營腦業的因緣，而留下這件珍貴的文物，印證了《台灣通史》的記載。

今新竹、苗栗、台中、南投境內幾個近山的鄉鎮，都是樟腦的重要產地，或者貨物的集散地，集集是其中的佼佼者。

熬製樟腦・大啓其利

而談到樟腦，可說是清末台灣三項外銷的大宗物產之一，與茶、糖並駕齊驅。所謂樟腦，是利用樟樹爲材料，提煉而成，有「腦」與「油」的分別，香樟的葉子較圓，結出來腦多油少，臭樟葉子扁長，則油多腦少。樟腦的熬製，俗稱「結腦」，據老一輩的說法，首先要做腦灶，灶上放一「大鼎」，其上再放一個「炊仔」（類似蒸籠），「炊仔」鑿一孔，以管子引到旁邊的水桶內。將樟木取來後，先以刀削爲木屑，然後送進「炊仔」蒸，一次放入六十袋。加熱後，其氣導入桶內冷卻，慢慢下沉，原來的水則溢出，六十袋的樟木屑，約蒸一天，一個月後，將剩水倒掉，只剩樟腦和樟油，就算大功告成了，每次可得三、四百斤。

沈鴻傑聚資製腦於集集

沈鴻傑在集集經營腦業的情形，日治初期以日文撰成的《集集堡紀略》，也留相應的紀錄，據書中所載，光緒四年（西元一八七七年）前後，有苗栗客家人林阿琴者，移住社仔莊，因見當地樟樹甚多，乃出資招來一批熟練的客籍腦丁，備妥器械，設灶結腦。當時集集街還未設立腦館，所產樟腦悉數僱人挑至鹿港販賣，腦價每百斤約七、八圓左右。光緒十年（西元一八八四年），又有英國人某甲來到集集製腦，接著台南人沈鴻傑也攜帶大量資金進入集集，開設集集的第一個腦館，名爲「瑞興棧」。於是開始招腦工，整腦灶，並收購樟腦，此時腦價上漲至每百斤十

樟腦熬製

熬製樟腦，俗稱「結腦」，須先以竹子搭一座腦寮，寮中要做腦灶，上置大鼎一個，再放上一個類似蒸籠的「炊仔」，「炊仔」鑿一孔，接上管子通到灶旁的水桶。取來樟木後，要削爲木屑，然後放入「炊仔」蒸，每次放六十袋。加熱之後，樟氣隨著管子而入桶，便冷卻爲腦油，慢慢下沈，桶內的水因此溢出，這樣的過程，約須一個月。停止操作後，將剩餘的水倒掉，便是樟腦了，一次可得約三、四百斤。樟腦品質全視樟木而定，如用的是香樟結出來的就腦多油少。反之，如用的是臭樟就油多腦少。最後，再將這些樟腦（油）挑到腦館，轉售各地。

▲劉還月翻攝。

二、三圓，影響所及，各地熟練結腦的客家人，乃陸續移入集集。二、三年之後，瑞興棧突遭「禍事」，將資本轉讓給英國人某乙，改名「怡記棧」。

據上述說法，沈鴻傑的腦館瑞興棧，在光緒十二年（西元一八八六年）因遭到「禍事」而轉讓、改名，此後似乎就在集集商界銷聲匿跡了，但事實上並不盡然，倖存的光緒二十年匾額，就是最好的說明。

至於瑞興棧所遭的「禍事」，詳情如何，《集集堡紀略》僅一筆帶過，並無明確交代，幸《台灣通史》曾就這件「禍事」，透露了若干訊息，說是：「當是時歐洲消腦巨，市價日昂，台邑林朝棟方以撫番握兵權，亦起腦業，謀合辦，不成，遂雍遏之，然各國以腦歸官辦，有阻通商，群向總署詰責，奉旨改制，許民經營。」由這段記載，可知瑞興棧的「禍事」，就是受到霧峰林家手握兵權的林朝棟「雍遏」所致。連橫的另一著作《雅堂文集》更指出，除了「附近豪右謀分其利，出而爭」之外，尚有「西人亦紛紜其間」（見〈外舅沈德墨先生暨配王太孺人墓誌銘〉）的因素在內，所謂「附近豪右」，指的就是時任棟軍統領的林朝棟，據光緒十八年（西元一八九二年）來台巡閱營務的胡傳所記日記，當時的集集街便駐有不少棟軍，包括棟字副營中哨的一、二、四、五、六隊及左哨一、四、六、八隊，俱由湖南人余保元擔任管帶，可見林朝棟勢力之大。這件樟腦利益紛爭引發的「禍事」，因牽涉到林朝棟，日治初期，霧峰林家的勢力仍在，《集集堡紀略》作者林天龍有所忌諱，只好以「禍事」兩字交代了事，按林天龍亦為「荷德如山」匾額所列重修董事之一，與沈鴻傑甚熟，且應目擊其事，只可惜他有難言之隱，不能多所記載。

集集腦業的興衰起伏

《台灣通史》與《雅堂文集》所記，對於沈鴻傑在集集經營樟腦業的興衰，都缺乏明確年月。沈鴻傑進入集集投資的時間，《台灣

▲「荷德如山」匾。

通史》倒是有一條線索，即集集「自匪亂後，腦業久廢」清末集集的所謂「匪亂」有二，一是同治二年（西元一八六三年）七月，戴萬生黨徒退守集集，爲舉人林鳳池及陳肇興等率兵攻克事，一是同治十三年（西元一八七四年）九月，陳心婦仔佔據集集一帶的抗清事件，《台灣通史》所記，應指後者而言，且又謂「腦業久廢」，既言其久，則與《集集堡紀略》所記的光緒十年也就若合符節了。

至於沈鴻傑退出集集的時間，《集集堡紀略》謂光緒十年的「二、三年之後」，瑞興棧突遭「禍事」，被迫轉讓，並更改名稱，自是就毫無相關記載，但仔細稽鈎其他記載，卻非如此，據《台灣通史》在「各國以腦歸官辦，有阻通商，群向總署詰責，奉旨改制，許民經營」等語之後，緊接著又說：「而先生遂以腦業起家，暮年稍替」，將「腦業起家」敍於樟腦權收歸官辦受阻以後，另《雅堂文集》也說：「及割讓之後，公老矣，所業復多敗，子伯齡謀繼起，未成而卒。」則將「所業復多敗」敍於光緒二十一年（西元一八九五年）割台以後，足見割台以前沈鴻傑仍活躍於集集的樟腦製造業，那麼《集集堡紀略》所言瑞興棧出讓、改名等事，如非年代的誤記，則有可能只是讓出部分股權，或者另起爐灶，重行開業。總之，沈鴻傑於光緒十二年至二十年之間，一直都在集集從事腦業，是無可置疑的。

光緒十二年至二十年間，集集樟腦業又起了很大的變化，原因是利之所趨，附近豪紳及南部洋行紛紛介入，據《集集堡紀略》所述，光緒十二年，德國人某亦出資本，由台南人高拱辰在集集開設東興棧腦館，光緒十七、八年，又有英國人陸續投資開設公泰棧、嘜記棧、昌記棧、慶記棧、仁沙棧、公和棧、美打棧，另有本島人自設的定記棧、錦勝棧、大修棧等，總數多達十三館，腦價也漲到每百斤二十四、五圓，甚至三、四十圓，達到集集樟腦事業的顚峰。

回饋地方重建廟宇

腦館業主大獲其利，自然要回饋地方建設，而廟宇的興建，既可酬謝神恩，又能兼具回饋心意，不失爲最佳途徑，光緒十八年集集媽祖廟的重建，就是典型的事例。

集集媽祖廟，舊稱天上宮，初建於乾隆五十八年（西元一七九三年），地方開墾就緒，聚落形成之後，業主楊東興倡之，道光十三年（西元一八三三年）遷至北勢山麓，十五年（西元一八三五年）竣工。同治六年（西元一八六七年），以進香不便，仍遷回舊址，迨光緒十八年夏，颱風成災，牆壁倒塌，乃由地方紳士林天龍首倡，沈鴻傑、高拱辰、林蔭勳、張大治等腦管業主爲董事，向各腦

館募捐得四百圓，加以重修，至二十年十月二十八日告竣。此一史實，不僅詳載《南投縣風俗志宗教篇稿》，且有古匾可證，足補《集集堡紀略》的缺失。

發跡海外・營商台灣

沈鴻傑爲連橫的岳丈，其生平事蹟，在《台灣通史》〈貨殖列傳〉及《雅堂文集》所收之墓誌銘，均有記載，詳略互見，茲參配這兩篇傳記資料，略述其人其事。按沈鴻傑字德墨，福建安溪縣淵兜鄉人。祖名華園，父名翰取，世代經商。兄弟三人，鴻傑居長，年十三，隨父至廈門做生意。年齡稍長，貿易東南洋一帶，每到一地，必習其語，足跡遍及日本、安南（越南）、暹羅（泰國）、爪哇、印度、菲律賓、新加坡等地，甚至遠至海參威，凡「山川之瑰麗，波濤之澎湃，民風之奇異，土產之良賤，皆目接而心識之」。

在往來各地的同時，沈鴻傑曾數度來到台灣，同治五年（西元一八六六年），始寄籍台灣府城（台南），又二年，娶妻王氏，遂定居

▲集集極富盛名的綠色隧道，便是由樟樹構成。

下來。既而經營糖業，年售數萬擔至天津、上海、寧波、香港各埠。鴻傑素諳英語，乃與英人合資設商行，接著又與德人經營，採辦洋貨，分售台灣南北，又以台貨轉售西洋。且兼為紐西蘭海上保險的代理店，台灣之有保險業，以此為嚆矢。鴻傑又鑑於台灣舊式製糖技術未精，思加改良，自德國購入新式機器，擇地新營莊，擬加試辦，可惜因故中止。旋聞知集集樟腦業大有可為，而率匠入山，「考求伐樟熬腦之法」，獲利甚豐，及光緒二十一年割台之後，鴻傑已老，所投資的事業多告失敗，子伯齡謀繼起，未成而卒。三十一年，回安溪原籍省墓，途經廈門，得重病。七月，病稍癒，回台為次子納室，翌年六月十二日卒，享年六十九，葬在台南府城南門外。鴻傑生有三子，長伯齡，早卒，次伯藏，三伯昌，亦殤。二女，長筱雲，適連橫，次靜玉。

結語

清末以經營貿易發跡者不乏其人，如淡水的李春生、鳳山的陳福謙，大都數代綿延，子孫能繼其業，惟獨沈鴻傑將經營的重心，全放在樟業，隨著政權的更替，腦利歸官（專賣），受到嚴重打擊，晚年又遭喪子之痛，致事業一蹶不振，是際遇較為特殊的一位。

沈鴻傑的傳記，除《台灣通史》這篇非正式傳記外，《台灣省通志》〈人物志〉始據通史為之立傳，但近年所修的《台南市志》〈人物志〉卻未列他的傳記。沈鴻傑自同治五年寄籍府城起，迄西元一九〇六年（日明治三十九年）謝世，與府城關係密切，但似乎未留下遺蹟，倒是僻處山區的集集，因這段樟腦因緣，倖存「荷德如山」匾額於廣盛宮。

近年集集支線小火車之旅蔚為風氣，集集舊街尋幽訪古，拙文可權充遊客的指南。

5／突破逆境・苦盡甘來

——清代南投地區白手起家的典型

吳聯輝與魏良樹兩個傳奇人物，
前者出身賣花生的小販，
後者則是富貴人家的奴才，
卻雙雙奮鬥有成，富甲一方，
值得後人效法。

俗話說：「行行出狀元」，又說：「有志者事竟成」，都是告訴我們不管從事何種行業，即使再卑微，只要肯奮鬥，總有出人頭地的一天。英雄不怕出身低，古往今來，不計其數的豪傑之士，從艱困的環境中奮鬥成功，傳爲美談。南投縣水秀山清，山川靈秀之氣所鍾，孕育了不少英雄豪傑，清代約咸豐、同治年間，南投的吳聯輝與林圯埔（今竹山鎭市區）的魏良樹兩人，算得上是其中最具傳奇性的人物。前者出身賣花生的小販，後者則是富貴人家的奴才，卻雙雙奮鬥有成，各富甲一方，值得後人效法。

吳聯輝發跡傳說

南投市內有座列入台閩地區三級古蹟的藍田書院，以前曾懸掛一面同治七年（西元一八六八年）重建落成的匾額「瑞氣如珠」，下款的立匾人是「藍田書院總理奉政大夫吳聯輝」，談起吳聯輝，在早年的南投、草屯一帶（舊稱南北投保），可說是響叮噹的人物，顯赫一時，無人不曉。

吳聯輝本名文曲，清代中葉彰化縣南投保康壽莊（今南投市康壽里）人，他的祖父吳鯃從福建漳浦縣山城鄉象牙墟來台開墾，生子吳守成。吳守成生了三個兒子，長子就是吳聯輝，次子名其中（幼殤），三子名接本（繼室所生）。當吳守成卒時，身為長子的吳聯輝尚未成年，同父異母弟吳接本僅有數歲。

據前南陔吟社社長吳步初的追述，吳聯輝喪父之時，約八、九歲，無力耕作，只得做

▲吳聯輝的「貢元」匾額。

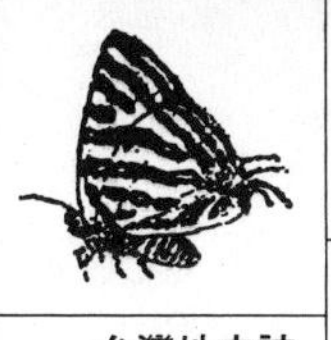

小販，販賣花生，貼補家用。吳聯輝年紀雖小，卻胸有大志，某日，鄉中有富豪人家娶親，使用一般人難得一見的紅轎，頗爲氣派，鄉人好奇，圍觀者如堵。吳聯輝賣花生到此，也從人群中擠入看熱鬧。這時，有一名少年指著他叱道：「看則管看，汝豈有才調？」吳聯輝受此奇恥大辱，悻悻而回，便立下重誓，日後娶妻必用紅轎，否則終生不娶。不久，隨著年紀的增長，吳聯輝不再從事蠅頭小利的賣花生，改行做挑夫，往來南投、鹿港之間，替人挑貨物，以勞力、血汗謀生。

吳聯輝早年喪母，父親死後，繼母爲人幫傭，幾年下來，身邊也有一些積蓄，只因親生子吳接本年紀尚小，而吳聯輝又是「前人子」，都不使他們知道。有一天，繼母病危，因見吳聯輝平日孝順有加，乃將所有的積蓄全數交給他。

得到繼母積蓄的吳聯輝，因有了資本，乃由挑夫改業走販，販賣各種民生用品，仍往來南投、鹿港。幾年以後，販糖至鹿港，投宿於某熟識的行郊，不知何故，竟無法入眠，三更半夜，忽聽到樓下有人小聲的在講話，吳聯輝傾耳細聽，方知他們新得對岸的消息，糖價大漲。吳聯輝聞言，默不作聲，假裝睡覺。五更天甫亮就匆忙趕路，從八卦山脈，沿山頂地方，繞至前山，將南投一帶十餘處糖廍所有的糖全數訂購，等到出口商派人趕來，已被捷足先登了。吳聯輝乃因此起家，廣置田園，半耕半商，富甲一方，而實現了他娶妻用紅轎的誓言，往後且納貲爲例貢生，列名士籍，成爲一名地方上最具影響力的鄉紳。

軍功與義舉

同治元年（西元一八六二年），彰化發生了戴潮春抗清事件，不久便波及南投方面，這

魏良樹的族譜資料

偶得機緣一見竹山魏家的《愼吾公派下族譜》，列有「十五世良樹公」的若干基本資料，讀之，對謎樣般的魏良樹發跡傳奇，更有撥雲見月的作用，族譜是這樣寫的：「十五世良樹公，字煥榮，諱盛谷，妣何氏，生二子，長長歡，二長泉。盛谷公，又號恒春，享壽六十三歲，生于道光十七年（西元一八三七年）丁酉十一月十三日巳時，卒于光緒二十五年（西元一八九九年）己亥正月廿一日午時。妣何氏，諡慈勤，乳（名）發，生于道光十七年（西元一八三七年）丁酉十一月十七日寅時，卒于光緒廿三年（西元一八九七年）丁酉三月廿八日戌時，壽六十一。

魏良樹爲當年林圯埔街首富，生平事蹟，僅見社寮永濟義渡碑仍留有捐銀拾元的記錄。

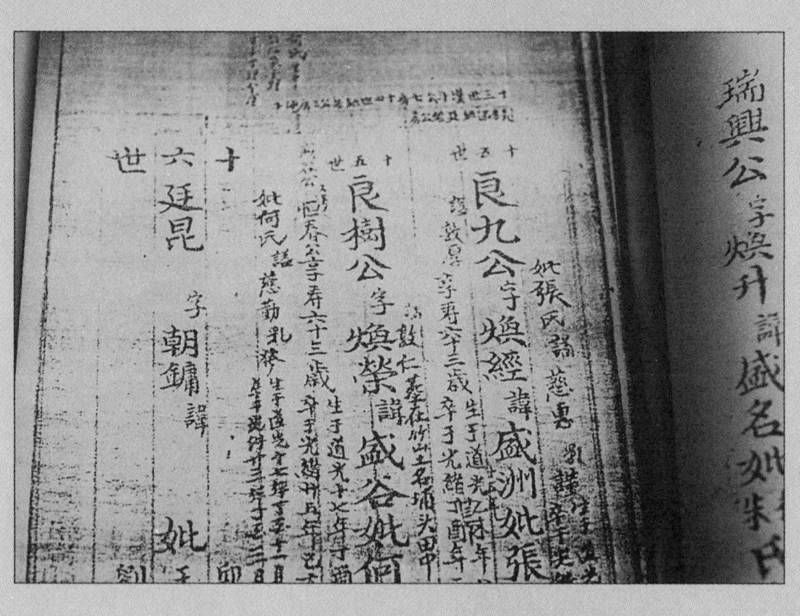

瑞興公字煥升諱盛名妣朱氏

十五世 良九公字煥經諱盛洲妣張

十五世 良樹公字煥榮諱盛谷妣何

十六世 廷昆字朝鏞諱 妣

時吳聯輝在地方上已具舉足輕重的地位，於是被推舉為「義首」。曾在翌年六月，與牛牯嶺（在今名間鄉）「義首」陳雲龍、陳捷三等合力收復南投街（事見吳德功《戴案紀略》）。同治三年（西元一八六四年）十一月，北勢湳（今草屯鎮北勢里）又有洪欉、洪璠等抗拒清軍，台灣兵備道丁曰健檄調各路人馬圍剿，另派一部分鄉團堵截外圍，吳聯輝奉命率「番屯」前往龜仔頭（今國姓鄉福龜村）一帶，同治四年（西元一八六五年）四月二十九日，吳聯輝以軍功奉旨加五品銜，授奉政大夫，就是參與北勢湳之役有功的緣故（事見丁曰健《治台必告錄》）。

吳聯輝發跡之後，對於地方的建樹，貢獻良多，因文獻多告散佚，目前所知較為著名的，就有配天宮與藍田書院的重建二例。配天宮，俗稱媽祖廟，在今南投市崇文里，即清代的南投街。創建於乾隆二十四年（西元

▲吳聯輝發跡後，募款重建藍田書院。

一七五九年），但在道光二十八年（一八四八）的大地震，發生坍圮，道光二十九年（西元一八四九年）春，乃由吳聯輝首倡，加以重建，因當年的干支是「己酉」，於是改名「配天宮」，目前廟內仍供奉著吳聯輝的長生祿位。藍田書院，也在今南投市崇文里，俗稱文昌祠，道光十一年（西元一八三一年）生員曾作雲捐建，道光二十五年（西元一八四五年）三月受到地震的侵襲，又加上大雨積水，長達半月，以致書院幾乎全部坍塌。同治三年正月，由吳聯輝首倡，募款二千餘元，重建於現址。翌年春，藍田書院落成，適逢丁曰健自北投坺頂移營南投，巡視藍田書院，吳聯輝遂請他揮毫立匾，文曰：「奏凱崇文」，此匾目前仍懸於藍田書院內。

▲竹山富紳魏良樹像。

魏良樹發跡傳說

足以與吳聯輝發跡故事媲美的，則有林圯埔「金興隆號」魏良樹的創業歷程，據雲林國小校長魏林宗先生由族譜所記並參酌老一

輩口傳整理的資料，故事大致是這樣的：魏良樹原籍是福建漳州府南靖縣永豐里林總北龍社，幼時家庭貧困，三餐不繼，父母不得已將他賣給某員外當奴才。幾年的奴才生涯，雖然工作甚爲勤奮，但魏良樹認爲永遠不會有出頭的日子，因此下定決心偷偷渡海到台灣，從鹿港登陸，輾轉到林圯埔落脚，從事墾荒工作。不久，魏良樹認識了一位又高大又醜陋的少女何氏發，她因生過天花，滿臉疤痕，且又因脚丫特大，纏脚不成，魏良樹非但不嫌她醜，反而非常中意，於是經媒妁的撮合，結爲夫婦。

結了婚之後的魏良樹，因有個賢內助的共同奮鬥，刻苦耐勞，從無到有，創下了「金興隆號」的家業。更難得的是三個兒子當中，長子魏林科考中文秀才，次子魏盈科考上武秀才，一時傳爲佳話。據說當魏家家道巔峰時期，魏良樹每逢過生日，兒孫滿堂，女婿們差人挑著竹謝籃，一擔又一擔，裝滿禮物，吹奏八音，浩浩蕩蕩的前來祝壽，場面之大，林圯埔一帶無人能及。

魏良樹在台灣飛黃騰達的消息，很快就傳到內地舊主人的耳裏，這位員外不知傳言是眞是假，親自渡海到林圯埔看個究竟。員外

▲藉由耆老用口述方法，常可重建缺失的歷史。

一到魏家，魏良樹見到舊主人來訪，又驚又喜，雖然這時他身邊已有不少奴婢，但他仍堅守本份，絲毫不敢怠慢，和過去一樣謹愼奉侍員外，燒煮熱水，替員外擦身洗脚，不敢假手他人。員外看在眼裏，十分感動，將要搭船返回中國時，當著魏良樹的面，就把賣身契撕碎，主僕關係，一筆勾銷。魏良樹見到員外不咎既往的寬宏大量，也當場跪拜謝恩，從此傳爲地方上的美談。

「魏林」成雙姓

以上種種傳說，今竹山地區老一輩中，尙有人能談及，雖是大同小異，但卻遺漏了重要的「魏林」雙姓問題，按民國八十年（西元一九九一年）十月，省文獻會在南投縣政府舉辦的耆老口述歷史座談會時，竹山組由筆者參與訪問，當問到魏林科秀才時，林建勳老先生首先發言：「魏林科我認識，他是雙姓，這是因得到林姓財產的緣故。」接著黃英輝先生補充發言：「有關魏林科，我聽到一個傳說，說是魏林科原爲林姓奴才，俗語說：『奴才賺錢頭家的』，好比『小姨生子大某的』一樣。他爲人家的奴才，偷跑到竹山來賺錢，而置有一些財產，後爲頭家所悉，乃找上門，魏『三日大，五日小』竭誠款待，頭家甚爲感動，因而未沒收財產，放他自由，只約定要冠上林姓，這是我最近才聽到街仔尾一位現年八十三歲的宋正老先生說的。」林建勳老先生聞言，也起來加以證實說：「這一傳說我也曾聽說過。」

林建勳老先生與黃英輝先生所聞，除都把魏良樹誤爲魏林科外，也都提到因「得到林姓財產」或「未沒收財產」，致有雙姓或冠林姓的說法，應是極爲可信的，試舉魏家的命名爲例，魏良樹長子爲魏林科，魏林科子爲魏維錡，魏林宗校長則爲魏林科的孫輩，中

間魏維錡的姓沒有出現「魏林」，可能只是疏忽，但以後便再加上林姓，成爲雙姓，是爲台灣衆多雙姓中的一項特例。

有待深入探訪

吳聯輝與魏良樹的發跡方式，固有所不同，惟他們雙雙從逆境中力爭上游，奮鬥不懈的精神卻是一致的。吳職輝約卒於光緒初年，享年六十歲。他的長子吳朝陽繼承家業，在同治、光緒年間南投的政經界，仍十分活躍，濟困扶危，頗有乃父之風，後因某命案發生，被誣爲主使，耗去貲財大半，家道稍爲中落。前南陔吟社社長吳步初，即爲吳聯輝同父異母弟吳接本的孫子。至於魏良樹，有關他的生平，民間傳說言之鑿鑿，但卻缺乏具體的文字資料，甚至生卒年代，也一無所悉，尙待假以時日，作進一步的探訪。又，多年前，每經過媽祖廟附近的「大街」時，街旁某家舊式樓房赫然懸掛著古色古香的紅底金字招牌「金興隆」三大字，憑筆者看過不少古匾的經驗，直覺得認爲這是清代的商號匾額，其他則一無所悉，後又重過當地，舊樓已改建爲水泥大樓，不知當年魏家的「金興隆」扁額，是否仍安然無恙？

6／凍頂山茗遍邇遐

——南投鹿谷的凍頂茶

凍頂茶爲舉人林鳳池衣錦榮歸之際，
由出產名茶的福建武夷山攜回故里分栽。
而凍頂茶因在生產上，
佔盡「天時、地利、人和」之便，
無怪乎凍頂茶名聞遐邇。

國人把茶列入開門七件事之一，爲日常生活不可或缺的必需品，其習慣由來已久，據唐陸羽《茶經》載：「茶之爲飲，發乎神農氏，聞於魯周公」，而最早見諸文字記載，則爲成書於周代的《詩經》，《詩經》〈七月〉一章有「釆荼薪樗，食我農夫」之句，而《爾雅》〈釋木〉一章，亦載：「檟，苦荼」，晉郭璞《爾雅注》解爲：「樹小如梔子，冬生葉，可煮作羹飲。今呼早採者爲荼，晚取者爲茗」，顯然晉朝以前是將「荼」字代替今之茶字的，故淸郝懿行《爾雅義疏》云：「今茶字古作荼，至唐陸羽著《茶經》，始減一畫

▲茶是日常生活開門七件事之一。(劉還月攝)

作茶,今則知茶不知荼矣。」茶的主要功用,明李時珍《本草綱目》以爲「苦甘微寒,下氣消食,去痰熱,除煩渴,醒昏睡」,陸羽《茶經》亦稱:「茶之爲用,味至寒,爲飲最宜……若熱渴凝悶,腦疼目澀,四肢煩,百節不舒,聊四五啜,與醍醐甘露抗衡也。」明張謙德《茶經》云:「人飲眞茶,能止渴消食,除痰少睡,利水兼明目、益思,除煩去膩,夫人不可一日無者。」由這些文獻看來,國人生活中與茶關係之密切,可說是源遠流長,其來有自了。

台灣是產茶區之一,以烏龍茶爲大宗,其中以凍頂山所產者最有名氣,無論內銷外銷,其身價要比他地出產的烏龍茶高出三倍到十倍,且仍供不應求。民國六十三年(西元一八七四年)六月初,當時的行政院長蔣經國和台灣省政府主席謝東閔曾到凍頂訪問茶農;同月十日,蔣院長在中興新村作「當前省政建設的目標和展望」講話時,曾提及凍頂茶在生產上佔了「天時、地利、人和」三項條件之利,這也是任何事業成功的先決條件。蔣院長說:「何以凍頂所產茶葉特別好?當時茶農就在種茶的土地上抓起一把泥土給我看,告訴我說:這裏不管下雨不下雨,泥土總是潮濕的,這種潮濕的水分,是物產的『地利』；而凍頂地帶每年平均溫度，只有攝氏二十五度，氣候適於產茶，這是物產的『天時』，有了『天時』、『地利』條件之外，茶農們又組織凍頂茶生產合作社，這就是『人和』。」由蔣院長的這段談話，即可瞭解凍頂茶所具備的優越條件了。近年來，因凍頂茶名聞遐邇，而少數茶商基於本身利益所在，乃對其來源有所爭議，惟迄無定論，爰蒐羅相關資料，略加探討。

凍頂茶概況

凍頂茶以產於南投縣鹿谷鄉彰雅村的凍頂山而得名，該山海拔七百四十公尺，隔著風景優美的大水堀（麒麟潭）與麒麟山相對峙，其土壤、地勢、氣候等條件，均適於茶樹的生長，據「凍頂茶生產合作社」前理事主席林先化先生分析說：「凍頂的土地，是屬於高塑性黃色土壤，含水量大，並且具有石灰

▲凍頂山位於南投鹿谷。

質，而凍頂的水又特別清澈，水質帶甜。此外，凍頂的環境也很特殊，海拔七百多公尺的山崗，周圍都沒有遮蔽，時而陽光直射，時而雲霧低迷，在這種情況下，不僅有利茶樹的生長，更使得茶葉柔軟，品質優越。」由於凍頂茶的需求量日益增加，生產面積也從原有凍頂山的三十六公頃，擴展到永隆、鳳凰二村，約一百七十五公頃，民國六十七年初，年產量在六至七萬公斤左右，茶農近四百戶，約有二千餘人。凍頂茶又因產季的不同，分爲春、夏、秋、冬四種，品質以春茶最佳，秋冬茶次之，夏茶較差，原因是春、秋兩季的產地雨量比較少，茶葉含水量不多，自然能製造出濃馥香味的好茶。當然，茶葉的價格也隨著季節而有所不同。

凍頂茶的焙製方法非常複雜，須經採青、日光萎凋、復生、攪拌、靜止萎凋、殺青、揉捻整型、焙乾、精製、初選、焙火、精選，以至包裝而成。蔡文見在〈凍頂山上茶〉文中，介紹極爲詳盡，足供參考，有云：「採茶女郎每天早上八、九點鐘，在露水剛消失的時候，便成群的到茶園去，一天的忙碌也就開始了。鹿谷鄉凍頂茶的採摘，是以『一心二葉』爲標準，茶區女郎甚至小孩們，都能很熟練的按照這個標準，摘取茶樹上的茶青。採青回來後，開始『日光萎凋』。青翠的茶葉，鋪放在圓型的竹籬筐上，在太陽下曝曬。日光萎凋是相當重要的一項過程，不但把茶葉中的水分蒸散掉，並且也有去掉野味的功能，是否能製成好的茶葉，端看日光萎凋的功夫而定。日光萎凋之後，還要經過室內萎凋、復生、攪拌、靜止萎凋等，然後進入『殺青』的階段，至此，青翠的茶青，也就變成了不同型態的枯乾茶葉了。殺青之後，還要經過『揉捻整型』，使茶葉變得更像樣些。因爲一種好茶葉，沖泡出來的味道，

水色固然重要，然而茶葉的樣式也不可忽略。『焙乾』可以說是製造好凍頂茶最重要的工作，因此焙乾的工作，都由具豐富經驗的男性茶農來做。因爲焙乾如果失敗了，泡出來的茶葉，會有一種燒焦的味道，那是最差勁的茶葉，在市面上是不會受到歡迎的。然後是：精製、初選、焙火、精選以至於包裝，最後製好的凍頂茶，也就陸續的被送到顧客手中。」

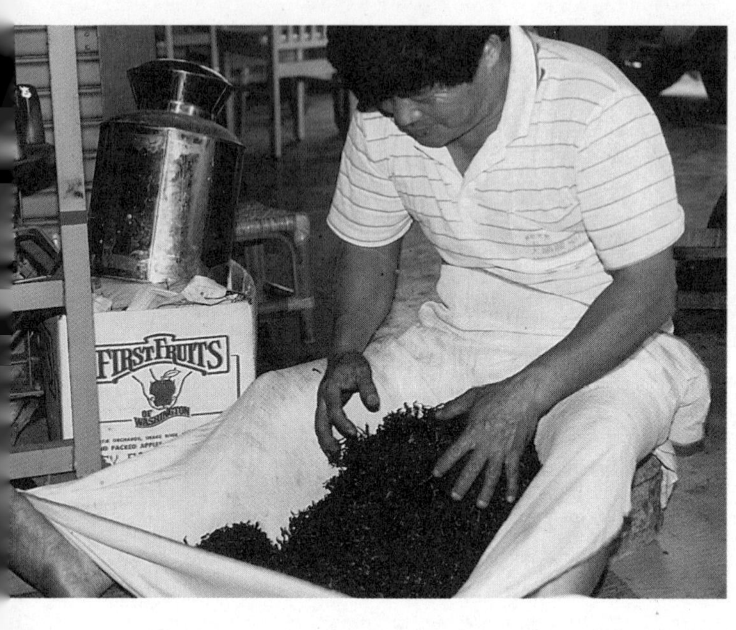

▲製茶功夫關乎茶的色香味。

凍頂茶的品嘗方法，要講究茶具，連橫〈茗談〉云：「壺之佳者，供春第一。周靜瀾〈台陽百詠〉云：『寒榕垂蔭日初晴，自瀉供春蟹眼生；疑是閉門風雨候，竹梢露重瓦溝鳴。』自註：『台灣郡人茗皆自煮，必先以手嗅其香。最重供春小壺。供春者，吳頤山婢名，善製宜興茶壺者也，或作龔春，誤。一具用之數十年，則值金一笏』。」又云：「台灣今日所用，有秋圃、萼圃之壺，製作亦雅，有識無銘。又有潘壺，色赭而潤，係合鐵沙爲之，質堅耐熱，其價不遜孟臣。」然而這些名壺至今已不可多得了。目前市上所售者，當以紅色陶製的小茶壺爲最佳，先用開水把茶壺燙熱，裝入二分之一的茶葉，再用

開水沖泡，隨即將沖下的開水倒入茶樞內，再沖以開水入壺內沖泡，蓋好壺蓋後，復用開水沖澆茶壺，使壺浸水三分之二為止，小茶杯也同時放入茶樞內浸泡，約四至五分鐘即可飲用，飲完可沖泡二至三回再換茶葉。

武夷山小種茶移植凍頂

雖然產地在南投縣鹿谷鄉，可是卻來自中國出產名茶的福建武夷山，而且還蘊藏著一段富有人情味的故事呢！相傳前清道光、咸豐間，彰化縣沙連保粗坑莊（今鹿谷鄉初卿村）人林鳳池，幼年家境極為困苦，而好學不倦，曾在社蓛莊（今竹山鎮社寮里）宿儒張煥文（名日華，號郁亭，初名紅，字丕基，俗稱「紅秀才」，後為咸豐四年恩貢生）處求學，後來進了彰化縣學。當咸豐五年（西元一八五五年）福建舉開鄉試時，張煥文即慫恿林氏赴考，但因其家有老母，加上生活拮据，致仍無法成行；幸而得到住在凍頂山的族人林某資助，始能前往應考。林氏到達福建後，在旅途中得識一同宗，遂留在其家攻讀，終於高中了這一科的舉人。林氏將要衣錦榮歸之際，這位宗人乃取來武夷山軟枝烏龍茶苗三十六株，希望他能攜回故里分栽。林氏帶回茶苗後，各分四株於小半天、清水溝，在自宅也種了四株，剩餘的二十四株，為感謝凍頂族人的資助，悉數以贈，報答當年的盛情，經過一百二十餘年的繁衍，果不負所望，成為家喻戶曉的名茶，也帶給地方蓬勃的生機，林鳳池舉人實功不可沒。鄉前輩張達修（篁川）先生，於鄉土掌故極為嫻熟，曾作七言古詩風詠其事，為不朽之作。

卅年癖嗜故山茗，酒後耕餘懷凍頂；蒼爪烏龍稱軟枝，茶煙嫋嫋夢初醒。名茶史溯咸豐時，移植人傳自鳳池；三十六峰勞選拔，

沙連分種不容疑。鳳池本是林家子，黃卷青燈勤礪砥；買棹迢迢入福州，棘闈一展屠龍技。果見眞才宴鹿鳴，聲華一旦遍燕京；鳳藻榮頒錫綸綍，卻看茅屋出公卿。閩海榮歸爭餞酒，贈以茶苗當折柳；謂言珂里等彝陵，餘蔭千秋昌厥後。春風載滿孝廉船，卅六靈株樹樹妍；雲霧窟中和露種，幾時青遍翠微巔。凍頂長年雲霧閉，風味芬芳獨標異；山以茶名信不虛，槍旗從此成勝地。連畦鬱鬱四時春，採摘翩翩多麗人；鳳凰山下花簇簇，麒麟潭畔葉鱗鱗。焙製幾經好身手，甘留舌本香盈口；塵根淨盡慧根生，飲啖人多臻上壽。先哲流芳澤萬家，蓬萊聲價首堪誇；六安小峴空相憶，何似名山茁嫩芽。鳳凰山與鳳凰谷，一望無垠茶葉綠；雞犬相聞達四村，平疇時聽採茶曲。新泉活火瀹蘇髯，魚眼松聲韻事添；潤到詩腸清到骨，茶經有待續鴻漸。

——張達修〈凍頂茶〉

林鳳池舉人自武夷山移植凍頂山的茶苗，應屬於小種茶的，但也有人認爲是奇種茶，惟據陳哲三《竹山鹿谷發達史》謂：「據林遊龍先生告余曰：『凍頂小

▲鹿谷街上茶行林立。(劉還月攝)

種茶，乃先人林鳳池自大陸攜歸者』。」也許林遊龍先生之說法是有其根據的。按清人梁茝林筆記中，將武夷分爲四等；「其最著者爲花香，較花香尤勝者爲小種，更在小種之上者爲名種，尚有勝於此者爲奇種」。至於烏龍茶的得名，根據福建舊志的說法，謂係前人在採茶時，因見茶樹下盤一大黑蛇，故以烏龍爲名。

移植者林鳳池生平

傳說中移植茶苗於凍頂山的舉人林鳳池，是確有其人的，在竹山、鹿谷一帶，老一輩的人，於林舉人的事蹟，幾乎都能娓娓道來，林氏不僅在文教方面對桑梓的貢獻甚鉅，而最爲難能可貴者，是他基於報恩而引進武夷山之茶種，使得鄉人至今猶沾其澤，因此僅就《雲林縣采訪冊》沙連保兵事門，錄其小傳於後，以示飲水思源之義，傳云：

林鳳池，字文翰；沙連大坪頂人，祖籍龍溪。師事日華張先生，篤志嗜學。事父母，以孝聞；教人嚴整有威，嘗以力學爲訓。登咸豐乙卯賢書；會試，授內閣中書。同治元年壬戌之變，戴逆猖獗，陷彰；以沙連扼嘉、彰陂圳之要，令股逆戴彩龍、僞都督劉守以賊兵據之。孝廉會試歸，率諸生立保全局，招集鄉壯義民，約以聯莊拒賊。沙連得不爲賊所凌夷者，孝廉之力也。事聞，前臬道憲丁奏獎，以通判補用，賞戴藍翎。後卒於天津會館，年四十九歲。

按林氏的生卒年傳中未詳，據其後裔林遊龍所保存的家譜，係生於嘉慶二十四年（西元一八一九年）二月十九日午時，卒於同治四年（西元一八六五年）十一月二十日寅時，適符《雲林縣采訪冊》所稱「年四十九」之數，至同治九年（西元一八七〇年）林氏始

歸葬故里，墓碑鐫云：「同治庚午年吉置。欽加布政銜誥授奉政大夫即補廣東分府賞戴藍翎加內閣中書侍讀諡文勤林公之佳城。男作楫作生作樂作駒降服男作哲作勵孫等仝立石」，墓在今鹿谷鄉初鄉村內，平時荒蕪不堪，民國七十四年十一月，經內政部指定為第三級古蹟。

武夷山移植茶種說之探討

林鳳池舉人自福建武夷山移植茶種於凍頂山的說法，雖未見於前人的記載，而父老言之鑿鑿，語云：「冰凍三尺，非一日之寒。」因此這個傳說,依筆者管見,絕非空穴來風，乃不揣譾陋，試加以分析探討，則不難從這裏面找到蛛絲馬跡，茲列舉如次：

(1)清代初期的台灣,本身並不生產茶葉(少數的野生茶葉例外,詳見下文),如康熙《諸羅縣志》卷十〈物產志〉云：「武彝、松蘿諸品，皆至自內地」，故茶種之栽植、採收、焙製等技術，也隨著閩粵沿海居民漸次移入而引進。連橫《台灣通史》卷二十七〈農業志〉云：「台北產茶近約百年，嘉慶時，有柯期者歸自福建，始以武彝之茶植於鰶魚坑，發育甚佳；繼以茶子播之，收成亦豐，遂互相傳植。」由這段記載來看,將武夷(彝)茶移植到台灣，早自嘉慶年間就已開始，所以降至咸豐五年(西元一八五五年)，繼由林鳳池攜回移植，已有先例可循，是順理成章的。

(2)傳說中有林鳳池赴考，曾獲凍頂山族人助以盤纏之事，那麼林氏生活之窮困，是可想而知了。筆者曾在竹山鎮三塊厝發現前清武生陳上達(希元)的履歷書，內有道光二十九年(西元一八四九年)陳氏九歲時，從林氏接受啓蒙教育的記錄;可知林氏在未中舉之前，是靠著設帳授徒而餬口的，然其門

人今多不可考。截至目前爲止，筆者所知者，除陳上達外，尚有林昆漢、陳文繡二人：據張達修先生云：「曩者家大人嘗云：林昆漢前輩爲其（林鳳池）得意弟子；車軏蓼莊人，曾著有《焚餘草》，今已無存。又坪仔頂陳文繡前輩，亦從其遊。大抵林鳳池孝廉未領鄉薦以前爲一寒儒，生活甚苦。」另外父老還有一個傳說，稱林家是世代業農的，林舉人的祖父林傑早年爲人搬運林木於杉林溪底，迨返宅多已薄暮，當時粗坑莊的小店中，有出售「泔磨粿」者，林傑歸來至此，既饑且渴，必悉數以賤價將所剩的吃盡，所以至今還流傳著「泔磨粿脹死㤞傑」的俗諺，極言其生活的貧困。林傑終因勞累過度，病卒於嘉慶十一年（西元一八〇六年）七月初四日未時，年僅四十七；妻陳氏畏娘茹苦含辛，守節撫孤，於道光二十九年（西元一八四九年）蒙旌表節孝，獲頒「欽褒節孝流芳」匾額。此時林家仍極端的拮据，據說林鳳池中舉後，捷報傳來，報子以鼓樂報喜，冀得厚賞，未料抵達林家時，卻不見人影，始聞知他的母親劉氏尚爲人拔取旱稻之草，一時不知所措，報子至爲失望，悵惘而回，由這些

▲茶樹適合種在多霧、排水佳的山坡地。

傳說，證以林鳳池生活窮苦而受資助應考之事，愈覺可信。

(3)西元一九三三年（日昭和八年）六月二十三日，台南《三六九小報》三百號，洪鐵濤所撰〈餐霞小記〉欄有云：「竹山凍頂茶，產於高峰，終年霧鎖，而風韻絕佳，購貨者恒託為武夷種茶，頗見賞於品茗家。」因凍頂在日治時期，係隸屬於竹山郡，故稱「竹山凍頂茶」，雖然並未涉及凍頂茶之移植者，且謂「購貨者恒託為武夷種茶」加以否認，但適足以證明，在當時就有凍頂茶為武夷種茶的說法，而且這種說法是出自「購貨者」的口中，可想見其普遍的程度了。

(4)今人郁愚著有《茶事茶話》一書，為現代人研究茶藝的一部專著：書中有篇〈細說凍頂〉，就曾肯定的說：「不管怎樣，是武夷的烏龍茶種，應該是不會錯」、「總之，凍頂烏龍是台灣茶的幸運兒，也是近三百年來武夷茶的巔峰」（全文詳見《茶事茶話》），以作者研究茶藝之精深，此一結論，自有其權威性的。且作者並不知有林舉人自武夷山移植之說，應是極為客觀的看法。

(5)林鳳池攜回武夷茶種後，曾分植四株於自宅，數年前老欉猶存，近因繁植故，加以砍除。又舉人舊宅前，往昔原有一荔樹，據聞亦林鳳池同時移植者，今已無存，但村中老一輩者均能言之。

經此推斷後，不難看出林鳳池移植武夷茶的傳說，絕非憑空杜撰的，只不過文獻無徵罷了。

凍頂茶非水沙連茶

凍頂舊稱「崠頂莊」，隸彰化縣水沙連保，但道光《彰化縣志》〈封域志〉並無其名，光緒十三年（西元一八八七年）台灣建省後，歸新設雲林縣沙連保轄，《雲林縣采訪冊》沙

連保積方有云：「崠頂莊，五十九戶，四百三十八丁口」，爲「崠頂」之名殆見於文獻的記載，另坪頂莊生員林大業則有〈崠頂山〉詩云：「群山羅列獨森然，高踞茅廬在澗巔；樹色高低青覆水，嵐光隱約碧連天。幾些花果幾多竹，半倚人家半著仙；酒力醒時茶氣歇，清風明月共安眠。」因此，許多人往往誤認爲凍頂茶即舊志所稱的「水沙連茶」，此事的始作俑者爲《雲林縣采訪冊》，該書纂輯於光緒二十年（西元一八九四年），稱：「崠頂山，在縣東三十八里，其山自鳳凰山分龍，蜿蜒六、七里，路皆平坦。至大水窟頭，東脈聳起，山二、三里，高低不一，森然屹峙，明媚幽雅。巖頭時有白雲封護，居民數十家，自成村落，巖隈曲徑，多植茶樹；昔藍鹿洲遊台，曾到沙連，謂此茶爲佳品，謂氣味清奇，能解暑毒、消腹脹，邑人多購焉。」就連連橫亦不免爲其所泥，乃含糊籠統的認爲：「台灣產茶，其來已久，舊志稱水沙連之茶，色如松蘿，能辟瘴卻暑，至今五城之茶，尚售市上，而以凍頂爲佳，唯所出未多。」（見《台灣通史》卷十七〈農業志〉）。按《雲林縣采訪冊》所稱的「藍鹿洲」，即藍鼎元，字玉霖，康熙六十年（西元一七二一年）朱一貴之役，族兄廷珍爲南澳鎮總兵，奉命出師，會水師提督施世驃伐台，鹿洲遂參與戎幕，多所籌劃，曾撰有〈紀水沙連〉一文，輯入《東征集》卷六中，文末有：「水沙連內山，產土茶，色綠如松蘿，味甚清冽，能解暑毒，消腹脹，亦佳品云」等語，水沙連原爲日月潭早期的名稱之一，或作水沙漣、水漣潭……等，所以藍氏〈紀水沙連〉一文，通篇寫的乃是日月潭之景物，殆無可置疑，即道光三年（西元一八二三年）北路理番同知鄧傳安遊日月潭時所云：「次早過水裏社，望見日月潭中之珠仔山，藍鹿洲《東征集》所記之

▲很多人都認為喝茶有益健康。

水沙連即此。」（見鄧傳安《蠡測彙鈔》〈水沙連紀程〉），〈紀水沙連〉全文，並無語涉及凍頂山，而《雲林縣采訪冊》硬把藍鹿洲「曾到沙連」之事，纂入凍頂山條下，未免過甚其辭了。何況〈紀水沙連〉一文並非遊記，文中也沒有提到曾經往遊，他是否到過日月潭，頗值得懷疑。」（張南棲先生語，見《台灣日月潭浮田種稻說之研究》），所以張南棲先生列舉六點理由，證實藍鹿洲並未到過日月潭〈水沙連〉，不僅「浮田種稻」說係沿襲《諸羅縣志》，「水沙連茶」說也是同出一轍，按《諸羅縣志》外記云：「水沙連內山，茶甚夥，味別，色綠如松蘿，山谷深峻，性嚴冷，能卻暑消脹；然路險，又畏生番，故漢人不敢入採，又不諳製茶之法，若挾能製武彝諸品者，購土番，採而造之，當香味益上矣。……其利甚溥，惜未有為之者。」為言水沙連茶者之嚆矢。那麼《雲林縣采訪冊》據《東

征集》逕認為凍頂茶即水沙連茶，就不值得重視了。

其後府縣志及若干宦遊人士的著作，幾乎離不開《諸羅縣志》的窠臼，人云亦云，都不足憑信，茲依其時間先後，臚列於后：

(1)康熙六十一年（西元一七二二年）黃叔璥著《赤嵌筆談》云：「水沙連在深山中，衆木蔽虧，霧露濛密，晨曦晚照，總不能及；色綠如松蘿，性極寒，療熱症最效，每年通事與各番言明，入山焙製。」

(2)乾隆五年(西元一七四〇年)《重修福建台灣府志》卷六〈物產〉云：「茶，出水沙連社，可療暑疾。」卷十五〈雜識〉云：「水沙連內山，茶甚夥，味別，色綠如松蘿，山谷深峻，性嚴冷，能卻暑消瘴。」

(3)乾隆十二年(西元一七四七年)《重修台灣府志》卷十七〈物產〉云：「茶，出水沙連社，可療暑疾。」又引《赤嵌筆談》亦同。

(4)乾隆二十五年(西元一七六〇年)《續修台灣府志》卷十七〈物產〉同范咸《重修台灣府志》。

(5)乾隆三十年（西元一七六五年）朱仕玠著《小琉球漫誌》卷八〈海東賸語〉云：「水沙連茶，水沙連山在諸羅縣治內，有十番社。山南與玉山接，大不可極。內山產茶甚夥，色綠如松蘿。山谷深峻，性嚴寒，能卻暑消瘴。然路險且畏生番，故漢人不敢入採。土人云：凡客福州會城者，會城人即討水沙連茶，以能療赤白痢如神也。」

(6)道光《彰化縣志》卷十〈物產志〉云：「茶，出水沙連內山，能卻暑消瘴。」

(7)光緒十八年（西元一八九二年）唐贊袞《台陽見聞錄》卷下竹木條下：「水沙連茶，水沙連在今埔裏廳治內，有十番社，山與玉山接，大不可極。內山產茶甚夥，色綠如松蘿。山谷深峻，性嚴冷，能卻暑消瘴。然路

險，且畏生番，故漢人不敢入採。土人云：凡客福州城，人即討水沙連茶，以能療赤白痢如神也。惟性極寒，療熱最效，能發痘。」

綜以上而觀之，輾轉抄襲，殊覺無謂；其實，水沙連茶以野生之茶樹，在無人栽培的情況之下，任其自生自滅，當然免不了走上沒落的噩運。惟有無錫丁紹儀在道光二十七年（西元一八四七年）遊幕渡台，留意及此，乃於同治十年（西元一八七一年）十月謂：「黃玉圃觀察〈赤嵌筆談〉言：『水沙連茶，在深山中，衆木蔽虧，霧露濛密，晨曦晚照，總不能及；色綠如松蘿，性極寒，療熱症最效。』昔遊台郡，未之見也。茶固閩產，然祇建陽、崇安數邑，自咸豐初請由閩洋出運；茶利益溥，福、延、建、邵諸郡，種植殆遍。比聞台北居民，亦多以茶爲業，新闢埔地，所植尤繁，其味不減武夷；無齒及水沙連者矣。」（見丁紹儀《東瀛識略》）可證水沙連茶早

▲凍頂烏龍茶原產地應是福建武夷山。（劉還月攝）

在道光間就已沒落，焉能繁衍爲光緒間就已膾炙人口的凍頂茶？

雖然水沙連茶在道光以後，隨著台北茶葉的掘起而沒落，但因埔裏社自嘉慶二十二年（西元一八一七年）郭百年事件後，「二十四社番衆日衰，漢人亦稍稍入。」（姚瑩《埔裏社紀略》語）道咸間漢人日益增多，很可能製茶的技術也隨著引進，故而至光緒間，水沙連茶仍有所聞，如蜕莽老人《大屯山房談薈》有云：「賢霖孝廉遺介餽野茶一包，梗粗葉壯，色香俱無，將棄之。老僕阿海以爲不然，汲泉烹之，不意清芬滿室，入口甘涼，金陵神品未必可擬，或曰：此水沙連茶也。」署台灣府知府周懋琦《全台圖說》亦云：「埔、水二社，居水沙連之中。……按埔裏社居全台心腹，爲中樞扼要之區。……所產樟腦、茶、磺，亦不可云『非所珍惜』。」二者所指的，恐已繁衍成連橫所稱「尚售市上」的「五城之茶」了，其產地也應該是埔裏社廳境內，即今南投縣埔里鎮、魚池鄉一帶，而與鹿谷鄉的凍頂茶，是風馬牛不相及的。

走筆至此，忽憶及《彰化縣志》〈藝文志〉收錄有陳學聖的一首詩，題爲〈水沙連〉，詩云：「品茶誰譜水沙連，辟暑亦供石鼎煎；二十四社番阿堵處，縋幽鑿險利無邊。」此詩似亦採《諸羅縣志》或《赤嵌筆談》所載而入詩者，詩中提到的二十四社，據《彰化縣志》〈規制志〉云：「大武郡社、快裏社、毛啐社、平來萬社、內眉裏社、貓丹社、社仔社、內斗截社、外眉裏社、木扣社、子黑社、外斗截社、哆哈啷社、子希社、倒咯社、田仔社、田頭社、貓蘭社、思順社、挽蘭社、埔裏社、蠻蠻社、致霧社、福骨社；以上二十四社，皆歸化生番所居，在水沙連內，距邑治八、九十里。」亦可斷言凍頂茶、水沙連茶是絲毫不相干的。

▲採茶要採二葉一心。（劉還月攝）

結語

關於凍頂茶，就清代的文獻而論，仍極爲缺乏，目前除了《雲林縣采訪冊》外，似乎找不到相應的記錄；而水沙連茶在早期的文獻記載，指爲產於日月潭附近的內山，大致是沒有錯誤的，但因諸作者往往以耳代目，不親往查究，就開始其筆削工作，《雲林縣采訪冊》於此也不例外，竟把在當時已享盛名的凍頂茶，附會於「藍鹿洲遊台曾到沙連」的說法。之後，許多人也許受了《雲林縣采訪冊》的影響，便認定凍頂茶即水沙連茶，而忽略了林鳳池舉人移植的傳說；近年來因凍頂茶的供不應求，少數茶商基於名利所在，遂以此爲爭論的焦點。雖然林氏移植之說缺乏直接史料佐證，但從父老口碑，及其他文獻的旁敲側擊之下，無寧是較爲可信的，所以南投縣政府編印的彩色畫冊《南投縣風光》，就採取了此一說法。筆者利用工作之餘，草成本篇，僅爲引玉之磚而已，企盼有人能作更深入之研究。

第二章／宗教信仰求慰藉

1／俯仰無愧一高僧

——揭開「慚愧祖師」之謎

先民來台拓墾，
隨之帶來了各種鄉土性的神祇，
一旦墾務稍趨安定，
便歸功於神的庇佑，集資予以興建小廟，
而今南投縣各鄉鎮的「慚愧祖師公」也就應運而生。

明朝末葉，延平郡王鄭成功領台之後，以福建漳州、泉州兩府及廣東潮州、惠州兩府爲主的拓荒者，遂接踵而來，經過他們篳路藍縷的慘淡經營，終於將台灣建設成漢人的新樂土。

在初期的拓荒過程中，先民除了要與歲時所有的天災地變及毒蛇猛獸相博鬥外，更有以「潛伺殺人爲驍勇」（道光《彰化縣志》語）的「生番」爲害。因此他們在遷入墾區後的當前急務，便是如何防「番」。

一方面，他們勵行「各帶刀鎗、鹿銃入山，遇番則與格鬥」的積極措施，另一方面，爲

了逃避「番」害，只好求諸神佛的庇護，俾使心靈上有所寄託。因此當渡台之際，他們多自原籍攜帶較爲鼎盛寺廟的香火（例如天上聖母、開漳聖王、關聖帝君、觀音、各種祖師），作爲其護身符。

今南投縣境內，多爲崇山峻嶺，在清領以前，原是屬於「生番」的游獵地區，相對的，也是當時漢人社會的前哨站。由於漢、「番」的接觸頻仍，所以從明鄭時代以來，遭到「番」害的墾民，已多得無法勝計，明鄭參軍林圯開拓竹山一帶，壯烈犧牲的事蹟，便是膾炙人口的典型例子。

基於「番」害時有所聞，而號稱「素以防番功能而著稱」（語見劉枝萬著《南投縣風俗志宗教篇稿》）的「陰林山得道慚愧祖師」，遂成爲墾民最崇拜的對象，信徒與日俱增。

祖師原奉祀在今鹿谷鄉鹿谷村的祝生廟，即往時的大坪頂漳雅莊，據《雲林縣采訪冊》說：「祖師廟，一在大坪頂漳雅莊，祀陰林山祖師。七處居民入山工作，必帶香火，凡有兇番出草殺人，

▲由於風俗不同，先民多把原住民當做兇悍的「生番」。（劉還月翻攝）

南投縣奉祀慚愧祖師寺廟名錄

名稱	地址
慶福寺	南投市內新里南營路一八〇號
紫雲寺	南投市東山里東山路八一號
福同宮	埔里鎮桃米里桃米巷四〇號
天旨宮	埔里鎮枇杷里中心路一三號
三元宮	竹山鎮前山路一段一六號
新興宮	草屯鎮新莊里芬草路一一六號
集仙宮	草屯鎮北投里史館路集仙巷一七弄一六號（並祀玄天上帝、中壇元帥）
林興宮	集集鎮林尾里林尾巷八號
勝陽宮	中寮鄉永芳村龍南路二六一號
受玄宮	中寮鄉八仙村永樂路三〇號（舊名永安宮，近年增祀玄天上帝）

名稱	地址
鶴山廟	鹿谷鄉和雅村愛鄉路二八號
寶興宮	鹿谷鄉廣興村中正一路一號
鳳凰山寺	鹿谷鄉鳳凰村廟口巷一二之一號
祝生廟	鹿谷鄉彰雅村中厝巷二一號
武聖廟	鹿谷鄉秀峰村鳳鵬巷三五號（並祀玄天上帝）
祖師公廟	名間鄉新街村田寮巷
受福宮	魚池鄉中明村文化巷六號（並祀玄天上帝、中壇元帥）
龍鳳宮	魚池鄉水和村中山路二九二號（並祀天上聖母、玄天上帝）
雲天宮	水里鄉玉峰村永樂巷八五之一號

神先示兆，或一二日，或三四日，謂之禁山，即不敢出入，動作有違者，恒為兇番所殺，故居民崇重之，為建祀廟。」故由祝生廟割香建廟的，遍及竹山、埔里、魚池、中寮、南投、集集等鄉鎮，是南投縣內最具地方色彩的神明。（按：全台除了嘉義縣大林鎮的佛方宮、台中縣東勢鎮的濟安宮亦祀慚愧祖師外，餘皆在南投縣。）

不但南投縣境居民信仰慚愧祖師甚篤，甚至於光緒元年（西元一八七五年），由廣東帶兵進駐竹山、鹿谷、集集一帶的中路統領吳光亮，也是入境隨俗，崇拜有加，在他往後率領「飛虎軍」開闢台灣第一條橫貫公路——中路，慚愧祖師即發揮了穩定軍心的功能，終於使中路工程順利完成，當時曾由吳光亮之弟副將吳光忠獻「佑我開山」匾額於鳳凰山寺，由此可概見慚愧祖師在台灣中部的開拓史上，所佔的地位是何等重要！

紛紜的傳說

慚愧祖師的功能已如上述，那麼祂的本質及來歷又是如何呢？記得筆者早年就讀於竹山鎮的雲林國校時，與竹圍仔的祖師公廟三元宮只有一牆之隔，每當廟裏祭典演戲時，總會見到戲棚上貼有寫著「慚愧祖師千秋」的紅紙條，當時幼小的心靈裏，就開始產生疑問，為何乃神乃聖的祖師公會稱「慚愧」呢？

年紀稍長，為了尋求此一答案，從父老傳說到文獻史料，十多年間仍然無法突破內心的疑團，迨民國六十八年（西元一九七九年）七月間，適友人鐘義明兄撰寫〈號稱『慚愧』的神明——陰林山『慚愧祖師』〉一稿（按：該文發表於民國六十八年八月三、四、五、六日台灣副刊），他旁徵博引的加以探討，且數度與筆者討論，結果對於慚愧祖師的來歷，依然無可奈何，誠如義明兄所說的：「爲了研究『陰林山慚愧祖師』，我翻閱了許多文獻史料，並親往許多有廟的所在地，去採訪老一輩的人與拍照。仍然對『陰林山慚愧祖師』的確切由來，無法考據得出，覺得很遺憾。」

▲中寮鄉慚愧祖師廟。（南投縣政府提供）

關於慚愧祖師來歷，劉枝萬先生早在民國五十年（西元一九六一年）間，就首先提出「除號稱『陰林山得道慚愧祖師公』外，不得而知，其爲佛徒雖無庸置疑，然按祝生廟神像，頭戴『王爺冠』、身著『半文武』裝、跣足，而與清水祖師或三坪祖師截然不同。」的說法。同時，他又在所著的《南投縣風俗志宗教篇稿》裏，採錄有竹圍仔祖師公廟的傳說，說是「祖師公生於大陸福建省平和縣陰林山，父姓潘名達，母葛氏，爲人忠厚，被鄉里所推崇；生三子，長子達孔，次子達德，三子達明，均自幼習文練武，達明尤擅長醫術，曾治癒皇太后有功。」

此外，義明兄又採錄了數則傳說，仍大同小異，顯然是將保生大帝醫治皇太后、清水祖師與鬼門法、吳光亮開闢中路等事蹟，附

會於慚愧祖師，並略爲纂改增刪，使得傳說如滾雪球般，越來越多，後來事實證明這些紛紜的傳說當中，只有祖師姓潘，得道於陰那山兩點（僅有一則說法如此，陰那讀若閩南語「伊拿」，餘皆作陰林山）是正確的，其他都是出自後人的僞託。

正因爲傳說的不可靠，素以研究天地會而聞名的東吳大學教授翁同文先生，鑑於「爽文路」（今中寮鄉爽文村）也有陰林山慚愧祖師的崇祀，以致懷疑祂是天地會黨領袖林爽文的化身，蓋把「陰」解作「陰間」，「林」指林爽文，「慚愧」指抗清失敗。而筆者也曾一度把陰林山慚愧祖師假設爲開闢竹山地區死於「番害」的林圯化身，仍以「陰」指「陰間」，「林」指林圯，「慚愧」指其拓墾中途遇害，且與防「番」著稱、獨盛南投的祖師公有若干相似之處。

爲了要證實筆者上述「大膽的假設」，曾查閱《福建通志》、《漳州府志》、《平和縣志》等方志，果然沒有「陰林山」的記載，足證該山並不在福建，此舉雖使筆者的假設，多了幾分信心，但終究缺乏確鑿的證據，結果考據不出所以然來。如今，翁同文先生及筆者的假設，也和傳說一般，因新資料的發現，都被否定了。

慚愧祖師眞相大白

民國六十八年（西元一九七九年）十一月十五日，住在神岡的友人陳炎正兄專程來彰，攜來一部筆者夢寐以求的《吳子光全書》三巨冊，內含《經餘雜錄》十二卷、《芸閣山人集》若干卷、《三長贅筆》十六卷、《一肚皮集》十八卷、《小草拾遺》一卷，是清末同、光間淡水廳舉人吳子光（原籍廣東嘉應州）的全部著作，是據手稿影印出版的。

筆者既得該書，頗覺喜出望外，隨即信手

慚愧祖師的禪詩

慚愧祖師是唐代高僧，牧童出身，沒有讀過書，可能也不識字。祖師示寂之前，留有一首禪味十足的偈語，末兩句是「如今撒手空歸去，萬里雲開月在天。」眞可與禪宗大師六祖惠能媲美。清初漁洋山人王士禎所著的《漁洋夜譚》書中，提到祖師到陰那山後，「斷石刊木，爲修眞地」，但是「日說法，衆多不省」，因此很無奈的寫下一首詩：「行脚腰包廿載游，一天花墜雨成秋，指禪未覺羞拳了，頑石因何不點頭。」句句蘊涵禪機，的確是首好詩，《全唐詩》似乎給遺漏了。

翻閱全書的目錄，忽然在《一肚皮集》卷六發現列有〈夢遊陰那山記〉一題，筆者直覺的認爲可能與慚愧祖師攸關，就立刻找到本文，細讀之下，果然不出所料，標題除註明「山在嘉應州南偏」外，文中更指出「固慚愧祖師道場也」，內容是敘述同治十二年（西元一八七三年）吳氏夢遊陰那山，遇「慚愧道人」的種種奇蹟，因係稽考慚愧祖師來歷的重要線索，茲重加標點抄錄一段於後：

渡松江而南，入山郛三十餘里，有峰屹然矗立雲表，曰陰那，五指排列爲螺紋，一一

可僂數，其中峰尤嶄絕，勢趨下如龍蛇之赴大壑，故山麓更奇，中闢蘭若一區，極宏敞，固慚愧祖師道場也。稗官家言祖師姓潘，了拳名，與閩僧定光佛爲甥舅，卓錫此寺，化身爲阿羅漢，面如生。寺後爲產米窟，日所出僅足供伊蒲饌，寺僧以其尠也，鑿之，米遂竭。殿有有藤几桌二極古，皆天然結構，不假人力爲之，亦器物中一奇也。尤奇者，寺門外古柏三株，大俱數圍，中一株萎矣而不朽蠹，寺僧拾枯枝當沉水香之用，芬馥聞數里，相傳爲祖師手植。山中多奇花古木，石洞以萬數，猛獸穴焉，日甫昳，寺僧相戒閉門，以避虎患。又產五色雀，與羅浮蝶繭相類，爲州志八景之一。循寺左下坡里許，陰翳中路屈曲如之字，有粲花館，某檀越所築以待肄業士，境頗清幽，宜避暑，莊子所謂去以六月息者也。梅州多名山古剎，此尤爲奇勝第一，予神遊其境者數數矣。

至此，慚愧祖師的來歷已見端倪，惜吳氏所記詳陰那山而略祖師，於是筆者遂設法購得《光緒嘉應州志》（溫仲和纂修）一部，在該志卷二十八〈方外〉門，列有祖師的傳記甚詳，有云：

了拳，陰那開山祖，俗姓潘，別號慚愧，閩之沙縣人。元和十二年（筆者按：元和，唐憲宗年號，即西元八一七年）丁酉三月二十五日生，初生左拳曲，因名「拳」，彌月，一遊僧至，父抱兒示之，僧書「了」字于其拳，指立伸，更名曰『了拳』。幼穎悟，不如輩，年十二，喪父母，依于叔母，不能容。十七，去潮之黃砂社車上村（原註：今大埔縣地），依嫠婦游氏爲母，日與牧童登赤厥嶺，曠視如有所得。今放牛山麓，拳以杖晝地，牛不他逸；或以烹魚啖之，受而投諸水，魚復活，黑質白章，今其遺種名尾上焦是也。

嶺左溪潭有石如伏虎，閉目趺坐其上如老僧，嘗以指甲寫「大生石頭」四字于石，大如掌，歷風雨剝落，點畫宛然，愛其山水之勝，欲結茅于此不果，迨游母歿，爲營窀穸而去，後人爲築靈覺寺。繼之磜上、莆田，有二寺，一名清泉，一名龍泉，相傳昔僧卓錫取泉之處。至神泉市，欲濟無舟，折葦以渡。登黃龍獻爪山，循頂西行，抵坪砂社之楠樹坑，依袁姓三年而去，後人因其地爲高磜寺。爰陟芒洲岡之巔，西望陰那五峰蟬聯，聳峙雲表，神賞者久之，便欣然欲往，過滸梓村，求水弗得，乃卓錫成井，中有石龜，至今存焉，雖旱亢不竭，後人建庵其地，名靈山寺，拳像在焉。歲旱遠近祈禱，其應如響，至陰那斲石刊木，建道場爲修眞地。日說法，衆多不省；住陰那三十餘年，一日語其徒曰：『從前佛祖皆宏演法乘，自便以度人，我未能也，心甚愧之，圓寂後，藏我骸于塔，當顏其額曰慚愧。』因偈云：『四十九年，無繫無牽，如今撒手空歸去，萬里雲開月在天。』語畢，端坐而逝，時懿宗咸通二年（筆者按：即西元八六一年。考元和十二年至咸通二年，僅四十五年，故偈語「四

光緒嘉應州志卷二十八

方外　溫仲和輯

了拳陰那開山祖俗姓潘別號慚愧閩之沙縣人元和十
丁酉三月二十五日生初生左拳曲因名拳彌月一遊僧
過見示之僧書了字于其拳指立伸更名曰了拳
歲年十二喪父母依于叔母不能容十七去潮之黃砂社
利今大埔縣地依發婦游氏爲母日與牧童登赤嶽
得分放牛山麓拳以杖畫地牛不他逸或以烹魚
諸水魚復活黑質白章今其遺種名尾上焦是也嶺左溪
石如伏虎閉目趺坐其上如老僧嘗以指甲寫大生石頭
于石大如掌歷風雨剝落點畫宛然愛其山水之勝欲結

▲慚愧祖師的事蹟散見各古籍中，蒐羅不易。

十九年」疑誤，當以「四十五年」爲是）辛巳九月二十五日也。

據這篇傳記，不但祖師一生的行蹤，瞭如指掌，甚至於祂之所以號稱「慚愧」，也做了明確的交代，絕不是後人所想像的，因行醫、鬥法、開路失敗感到慚愧，而是自謙未能宏演佛法以度世人的緣故。

風光絕勝陰那山

根據上述史料，可知台灣民間相傳的所謂「陰林山」，其實乃是陰那山的音誤（閩南語二者發音極爲相似），該山勝概，前引吳子光《夢遊陰那山記》已略有敍述，茲就其他載記，再予細說，俾使讀者對於慚愧祖師的道場，能有更深入的了解。

陰那山，又名五指山，在廣東嘉應州（今梅縣）城東南八十里，山峰秀峭，壑深林幽。相傳唐僧了拳（即慚愧祖師）結茅於此，今爲靈光寺（俗稱「靈光祖師殿」）。寺後有五指峰，與大埔縣交界，五峰皆奇險，然可以攀登。寺左有香爐峰，右有白虎峰。二峰拱抱，氣勢雄偉。寺前有柏樹三株（按：據吳子光文謂一株已萎，然不朽蠹），皆祖師植，大約三四人合抱，鐵幹虬枝，蒼翠拂雲，已歷一千多個寒暑。

山中勝景頗多，如鐵橋、蓬萊徑、船窩、琴石、仙遇湖、件雲居、粲花館等，皆値得遊賞。此外，山上水源豐富，所謂的「瀑布晶簾，處處雷轟濤湧」乃是，其中最有名的，首推茶泉、月湖兩處，別具清冷之趣。

至於陰那山的特產，花鳥俱備，據《光緒嘉應州志》說：「其紅、黃、紫、白各色杜鵑花，及西番蓮樛子、白茱、紫蒲萄之屬諸花，皆州地所不產者，而山中獨有之。又產五色雀，小如鶺鴒，出則千百成群，羽毛鮮

艷，與屈翁山（筆者按：即屈大均，明末番禺人，諸生，明亡不仕，著述甚多）新語所記產羅浮者不異，至其載蘇文忠海南五色雀詩，能預報陰晴，而此山五色雀，山中人以占寒燠，至則燠，不至歲必寒，斯亦靈矣。羅浮所產未聞有此，新語謂嶺南花鳥與中州不同，羅浮花鳥又與嶺南不同，而此山五色雀，則更不同於羅浮者矣。」

關於陰那山的文獻，在《寰宇記》、《方輿紀要》、《大清一統志》等書，也都有它的記錄，後者有云：「陰那山，在大埔縣西八十里，東連崑崙，西接嘉應州界，綿延二百餘里，五峰連峙，狀如火燄，俗名五指峰，下有陰那坑，出泉清冽。」另州人李士淳（字二何，明萬曆三十七年解元，崇禎元年進士，官至翰林院編修，充東宮侍講）爲弟子員時，讀書陰那山，後來撰有《陰那山志》二卷，惜未見傳本。又州人李濰，字弼明，弱冠入洋，亦讀書陰那山，潛心理學，茲附記於此。

其次談到靈光寺（靈光祖師殿），寺是後人爲紀念慚愧祖師而建的，內祀有祂的塑像。今殿前懸有明末李士淳撰書的木刻楹聯，文云：「黃鶴樓上，物換星移，但留水碧山青，再至呂仙逢舊主；白鹿洞中，春回秋去，又見花開子結，重來學士認前身。」聯意與祖師殿毫不相干，但何以懸掛殿前呢？原來崇禎十七年，闖賊李自成攻陷北京後，侍讀學士李士淳拒受僞命，備遭刑拷，晉賈懷恩，集金爲贖，才得潛遁歸里。

後來隆武帝即位，擢士淳爲詹事府詹事，永曆帝又擢爲禮部右侍郎。他曾奉隆武帝敕命，籌餉募兵，陰圖恢復。清初，屢被荐召，則堅辭不起。

相傳明亡後，士淳凡朔望日，必集合遺老，奉明帝牌位於聖壽寺紫殿，衣冠朝拜。所謂的紫殿，即代表朱殿之義，上述楹聯，本係

紫殿舊物，經後人移至祖師殿前（按：聯語的涵義，據李翼中先生解釋：「余謂白鹿洞隱朱是矣，而黃鶴樓遙對漢水，實隱漢族國家之痛，學士前身，則自居老臣矣」），此與梅縣李柏存編著《鈎沉鼎新錄》所記相符，渠謂：「相傳大歲和尙爲隆武帝之變名，與黃宗羲言隆武並未殉國，實隱五指山（筆者按：即陰那山）適相符」，又謂「紫殿不供神像，疑爲假託，而有朱紫之辯。」

從這些跡象，在在的顯示陰那山靈光祖師殿，早於清初就成爲有志之士反清復明的活動場所，甚至於隆武帝也可能隱於寺中，易名「大歲和尙」。

陰那山自唐代以降，聲名漸噪，騷人墨客在遊賞之餘，曾留下了不少歌頌它的詩篇，據說宋代名詩人蘇軾（東坡）有〈遊陰那山詩並序〉云：「自惠來潮，訪韓山，再六日歸舟蓬辣，聞高僧了拳結廬於其上，及茲一覽，水石雲林，誠爲羅浮仲擘也。」「吾治有羅浮，既爲東粵奇。又聞有此山，更爲羅浮椎。中有唐僧者，自言慚愧師。滃雲舖法界，輪月照禪帷。色相窺峰石，慈悲渡疾藜。我來惠不遠，僧去既多時。佛骨藏金塔，禪宗看碧漪。香浮空鶴舞，鐘逐曉風馳。吾自虛

▲慚愧祖師至今仍是人們心中的守護神。

無寂，中庸未發之。」此詩《蘇文忠公全集》、及《寓惠集》均無收錄，故乾隆間王之正修《嘉應州志》，阮元修《廣東通志》，均列舉各種理由，辨爲後人贋作。

繼蘇軾之後，各朝詩家吟詠陰那山的，更是佳作林立，美不勝收，茲選錄若干於後：

蔡蒙吉（宋廣東梅州人，寶祐四年進士。德祐二年，易正大陷梅州，被執不屈遇害）〈遊陰那山〉詩云：「宮闕天懸絕勝奇，況臨泉石畫中窺。五峰青翠冠攢玉，二水迴迴練拂漪。魚鳥若能明正定，犯猨一似發菩提。沉沉鐘鼓僧間寂，客亦忘言自得之。」王守仁（字伯安，明餘姚人，正德進士，學者稱陽明先生）〈遊陰那山詩並序〉云：「予自宗山歸贛，而聞有此那山，隨泊舟蓬辣，快所一登，果爾佛靈山傑，以是較宗山，宗山小矣，時門人海陽薛子侃、饒平二楊子驥鸞同一甑云。」「路入叢林境，盤旋五指巔。奇峰青卓玉，古石碧舖泉。昔自中庸客，間過隱怪阡。菩提何所樹，盤涅是其偏。輪廻非曰釋，寂滅豈云禪。有偈知誰解，無聲合自然。風幡自不定，予亦坐忘言。」王元樞〈遊陰那山〉詩云：「世事幻屈伸，悉數仍惚祝。誰能久鬱鬱，五載於塵網。微雷息蓬櫂，涼颸引竹杖。凌旦陟陰那，大道示如掌。參差畫龍史，左右界天象。了師何慚愧？吾生信鹵莽。拍手笑太虛，應聲發嵻崀。紅日上高峰，不覺我心廣。白雲出幽谷，思與偕爾往。」李光昭（字秋田，清嘉應州人，廩生。工詩，著《鐵樹堂詩鈔》）〈憶陰那山〉詩云：「奇文秘石室，惟待好奇子。吾不能讀書，所好在山水。故鄉有陰那，亦可羅浮比。千巖敷雲腴，萬壑滴石髓。人家半煙霞，樵徑雜紅紫。瞿曇不一庵，鐘磬答彼此。神禽吟風來，大蝶鼓花起。堂堂神仙都，目不給賞視。如何算洞天，終古不到爾。程鄉本僻壤，此地

復幽詭。埋藏亂山中，詞客少至止。人從塵外看，略見峰五指。一徑穿雲行，紆廻三十里。」（三首錄一）。

祖師靈異

慚愧祖師圓寂於唐懿宗咸通二年，此後屢顯靈異，台灣民間且號稱「素以防番功能而著稱」，繪聲繪影的傳說，至今猶在老一輩人的口中流傳，然多經渲染，不無失實之感，爰就古籍所載，為錄數則。

(1)「（祖師）曾住江西，與王府工匠立券造寺，匠如其言至陰那，訪之守者，曰師坐化已三年矣。匠謁殿前，見塑像，儼如所遇。」（見《光緒嘉應州志》引《潮州府志》、《阮通志》）。

(2)「明初，御史梅鼎舟過蓬辣灘，水洶湧，舟幾覆，見老僧于岸，隱躍指點，舟得無恙。」（見同前）。

(3)「嘉靖間，三饒寇亂，過陰那，將士擄掠，忽雲霧四起，咫尺不辨人，賊迷失道，各村賴以全。」（見同前）。

(4)「三月（祖師）誕辰，山中必有風雨，相傳為法雨洗殿云。」（見同前）。

(5)吳子光〈夢遊陰那山記〉有云：「歲癸酉（筆者按：清同治十二年），僑寓揀東山莊，夢有僧頎而黑，自稱慚愧道人，招予遊山，已至，拾松枝煮茗以供，曰：此第一峰頂紫笥茶也，飲之，甘如飴，胸腋間俱含仙氣，因嘆賞不已，時夜將半，明月在天，師忽為孫登長嘯，俄頃，半空鸞鳳與山中猿鶴，一聲聲如響斯應。又聞梵寺鐘鳴，音噌紘不絕，自覺此心萬緣淨盡，大地光明，雖欲不作天際眞人想不得矣。師詔予曰：子前身與余有香火緣，幾證正覺，以貪嗔故，須兩世墜落，幸備嘗坎壈，孽障將滿，後二十年，當遲子於釋大覺王處，至日毋相忘！余唯唯，遂寤，茗香猶留舌本者久之。」（見《一

肚皮集》卷六），吳子光作此奇夢，醒後曾為文以記，文末並論道：「嗟乎！人生處世若大夢，然何知是夢，何所見非夢，宇內皆入夢之人，即合宇內人窮通得失、悲歡離合之境，皆為夢夢之境。以覺為夢，而夢不勝覺，覺既可無夢，即可以證夢，夫然則天下莫能爭是夢，夢中眞諦，惟山人獨以覺得之，而一夢足千古矣。余又于慚愧之說竊自傷也，古今惟仙佛了然生死之際，與世無求，而人亦莫之妬，又何慚愧為？世有功業澤四國，文學追古初，繆繆自詡，若畢天壤可不朽者，果此心皎然不欺其素否耶！余負慚愧良多，蘆中人與？抑夢中人也。」

結語

台灣先賢連橫說過：「台灣固土番之地，我先民入而拓之，以長子姓，至於今是賴，故自開闢以來，官司之所經劃，人民之所籌謀，莫不以理番為急務。……清廷守陋，不知大勢，越界之令，以時頒行，而我先民仍冒險而進，剪除荊棘，備嘗辛苦，以闢田疇、

▲鹿谷的慚愧祖師廟。

成都聚，爲子孫百年大計者，其功業豈可泯哉？」（見《台灣通史》卷十五〈撫墾志〉）可知先民們來台拓墾，其程序是在極度不安的情形下進行著，於是隨之帶來了各種鄉土性的神祇，一旦墾務稍趨安定，他們便歸功於神的庇佑，集資予以粗造小廟，以爲飲水思源之用，今天南投縣各鄉鎮的「慚愧祖師公」也就因此應運而生。然而初期抵台的墾民，他們不但目不識丁，加上終日胼手胝足的與環境博鬥，年代久遠，終於使慚愧祖師蒙上了一層神秘的色彩，傳說紛紜，莫衷一是，誠屬最大的遺憾。

經筆者多年鍥而不捨的追尋，最後發現了慚愧祖師的「根」，原來祂生於福建，得道於廣東，是位閩粵合璧的典型神明，無怪乎光緒年間不僅漳州籍居民奉之甚虔，連吳光亮暨所率領的廣勇「飛虎軍」，也都敬禮有加，這是台灣宗教史上極爲罕見的例子，其原因可能就是淵源於此吧。

清末的台灣，雖有吳子光作〈夢遊陰那山記〉，指出慚愧祖師的來歷，但因流傳不廣，致使慚愧祖師事蹟淹沒達百年以上，近年吳著稿本得以問世，成爲揭開慚愧祖師之謎的關鍵，握管至此，不禁油然而生古人所謂「文章顯晦，亦有數存乎其間耶」的感嘆！

又，追雲燕《三教聖誕千秋錄》列「陰林山祖師祭典日」於三月十六日條下，乃取材自《南投縣風俗志》者，於祖師生平事蹟仍從缺，但在同日列有「山神聖誕」，是引自民間通行的相理書《玉匣記》，竟與慚愧祖師的祭典不謀而合，考祖師的正確生日是三月二十五日，今以三月十六日爲祭日的原因，很可能是祖師來歷失詳後，先民乃以《玉匣記》所載的「山神聖誕」權用，不過此係筆者的推測，缺乏確鑿的證據，願高明讀者有以教之。

2／魚躍龍門便吐珠
——中寮鄉龍門廟得名考

魚躍龍門本有脫胎換骨的意義，
而其扭轉乾坤的象徵，
更爲天地會所採用，
透過一段段會內流傳的詩句，
在在都顯示出龍門廟得名其來有自。

我國自古以農立國，因而與土地攸關的土地公廟，也就遍及全國各個角落，無論通都大邑，或海濱山陬，均隨處可見，惟多爲因陋就簡的小型廟宇。其造型更是五花八門，琳瑯滿目。

在南投縣中寮鄉八仙村（舊名八杞仙）永樂路旁，即靠近馬鞍崙部落的大樟樹下，原亦有座典型的石砌土地公廟。民國六十九年（西元一九八〇年）春過此，因愛其古樸，曾駐足瀏覽，無意間卻於廟門發現鐫有「龍門廟」三字，意義不明。

當時，筆者遂由此一廟名，聯想到曩昔讀

翁同文所撰〈論福德正神源於天地會之祀木星〉(載《東吳文史學報》第三號，西元一九七七年出版) 一文，曾予指出土地公亦稱福德正神，乃源於清初天地會的木星信仰(按：因明朝皇帝姓朱，據《說文》解朱字的意義爲「赤心木」，故有此信仰)，故凡土地公廟以「天德」或「龍德」爲名的，均爲天地會所留的痕跡。而八杞仙的土地公廟，竟然號稱「龍門」，與「龍德」僅有一字之差，筆者認爲很有可能亦涉及天地會活動，惟一時找不到具體的資料，足堪印證。最近因涉獵天地會文獻及其他史料，遂對前所作的假設，有所突破，因草成此文，略作考證，並就教於讀者。

追根究底話龍門

探討龍門廟的得名淵源之前，筆者不妨先略述龍門一詞的本義。據《辭海》龍門條下所列，全國各地以龍門爲名的山或地甚多，不過一般人口中所謂的龍門，多是指山西省河津縣西北、陝西省韓城縣東北，分跨黃河兩岸，形成門闕的龍門山而言。相傳夏禹導河至此，鑿以通流，故尚書禹貢有「導河積

▶龍門廟。

石，至于龍門」的記載。

又據《辭海》龍門條下引《三秦記》說：「江河魚集龍門下，登者化龍，不登者點額暴腮。」同書點額條下引《水經》〈河水注〉也說：「鱣，鮪也。出鞏穴，三月則上渡龍門，否則點額而還。」二條資料參照之下，可知古書所記登龍門而化龍的魚，應是鱣魚，或稱鮪魚，但降及後世，不知何故（筆者猜想可能是鱣、鯉字形相近的緣故吧？）卻無端的冒出「鯉躍龍門」的典故，且人云亦云，以訛傳訛，大有後來居上之勢，而坊間一些常見的類書，也為了符合此說，更不惜點篡古書原文，如《事類統編》〈水族部〉：「度禹門而化龍。《水經》：『鯉魚三月上渡龍門，得化為龍』」。《幼學故事瓊林》〈科第篇〉：「得雲雨而揚鬐，豈是池中之物；挾風雷而燒尾，終非海底之魚。《聞見錄》：『士人初登第，必展歡宴，謂之燒尾。又云鯉躍龍門為龍時，必雷為燒尾而得化』」。《鰲頭韻學圓機活法》〈鱗介門〉：「魚化（《三秦記》：『大鯉魚登龍門化為龍，不登者點額』）。」固然一如《幼學故事瓊林》引《聞見錄》（按：當係《封氏聞見錄》）的說法，唐宋士子初登第時，必展燒尾宴，但傳說中所燒的尾，並不見得就是指魚類，關於這點，《辭海》燒尾條下有如此的解釋：「唐宋士子初登第，必展歡宴，說者云虎化為人，惟尾不化，須為燒去，乃得成人；又說新羊入群，諸羊抵觸，不相親附，燒其尾乃定；又說魚躍龍門時，必須雷電為燒其尾乃化，見《封氏聞見錄》及《說苑》。」據此足證早期對於燒尾宴的來歷，說法有三，即虎、羊與魚，而「魚躍龍門」的魚，乃指鱣魚是也，與鯉魚毫不相干。

由魚躍龍門而衍生的意義，古來大致有兩種說法，一是以龍門比喻高名碩望，凡得其接引而增長聲價的，即稱為「登龍門」如《後

漢書》〈李膺傳〉：「士有被其接者，名爲登龍門。」李白〈與韓荊州書〉：「一登龍門，則聲價十倍。」此外，則爲衆所熟知，以「魚躍龍門」來作爲士人登第的代名詞，如清王漁洋〈春闈放榜〉詩：「銀燭高燒徹夜明，曙鴉聲散九重城，高秋鵰鶚扶搖起，春水魚龍變化生。仙掌凌空干氣象，湘靈鼓瑟擅才名，書生報國從今起，取次煙霄第一程。」

▲天地會「二板橋」圖。

天地會龍門新義與龍門廟

明室既亡，反清復國的殘餘勢力，遂化明爲暗，繼續從事抗清活動，因此結爲天地會，會黨爲達到宣傳效果，往往利用固有的信仰、習俗，賦予新的意義，其事例不勝枚舉，諸如天地、日月、星辰等自然信仰，均轉化爲含有政治意識的禮拜對象乃是。

魚躍龍門故事，因含有脫胎換骨的意義，這對於天地會來說，不啻是一種旋乾轉坤的象徵，於是他們遂利用它來作爲反清復明的奮鬥目標，但因躍龍門而化龍的鱣魚，久被鯉魚所取代，加以天地會員，多來自下層社會的販夫走卒之流，所以在天地會內流傳的文件裏，也就不例外了。

在天地會文件中，關於鯉躍龍門的記錄頗多，早年蕭一山就藏於倫敦大不列顛博物館的許多天地會文件抄本，輯為《近代秘密社會史料》，該書卷一的圖像部份，即繪有一鯉躍龍門圖，此一龍門橫書「二板橋」三字，兩旁並題有對聯：「黃河自有澄汨（清）日，洪兒豈無運轉時。」據此可見天地會黨心目中的龍門，實際上就是「二板橋」的化身，考所謂的二板橋，原為會黨聚會場所（木楊城）的陳設之一，通常會場入門就是忠義堂，再經楊柳村，以至紅花亭，亭上有大椅一把，為「先生」（會首）之座，再前行經天地壇，有銅、鐵板二塊，上舖一橋，這便是二板橋，過橋則為太平廣場，最後一進為福德殿。

二板橋左銅、右鐵，據會中傳說，是因當年清廷火燒少林寺時，有朱江、朱開兩位大羅神仙，化出長沙線及黃黑浮雲，黃者喝為銅，黑者喝為鐵，才救出五祖脫險，因此天地會乃在會場中設置二板橋，以為考驗會員的忠心義氣，故會內有詩道：「二板橋頭佛化身，左銅右鐵不差分；朱家造就洪家過，不過此橋是外人。」

至於用板橋繪成鯉躍龍門圖的含義如何呢？這點我們可從同書卷四的〈會員問答詞〉找到答案，其詩句有云：「木楊城有己（幾）個塘？有三個塘。要來何用？要來養金尾魚，得來日化龍。有何為證？有詩為證：『三眼魚塘養尾魚，兩尾分開八字書；但得禹門三汲浪，跳過龍門便吐珠。』」另在同卷的〈先鋒問答書〉，也有類似的問答，惟詩句稍有不同，詩道：「三眼池塘養里（鯉）魚，兩尾分明八字舒；石魚生在浮萍隱，跳入龍門便吐珠。」

由表面觀之，前面兩首詩，與魚躍龍門的典故，並無二致，但值得注意的，卻是在於魚既化龍之後的「吐珠」二字（此為原來典

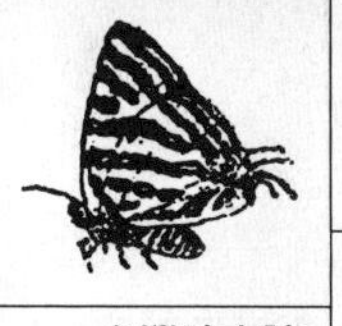

故所無)，蓋天地會為一抗清的秘密組織，為求保密，頗喜用各種方式的隱語，以表示政治意義，其中拆合文字的隱語，便是較為常用的，如衆所熟知的日月隱「明」，即為一例。而此一「吐珠」的「珠」字，乃隱有「朱王」二字，藉示「朱姓皇帝」之義，與翁同文先生所考證日月潭、珠仔山的命名動機，頗有異曲同工之妙。明乎此理，則所謂「跳入龍門便吐珠」，實際喻有他時一舉成功，重歸朱姓皇帝統治，而有鯉躍禹門得以化龍的意義。此外，翁同文先生來函亦論及龍門廟謂：「按『蕭書』中之鯉魚躍龍門圖，門上標『二板橋』三字，乃天地會員入會儀式之所必經，其意似謂一過此橋成會員，等於成龍，乃勸人入會之意。」此說頗有見地。

由於鯉躍龍門意義的轉化，而使鯉魚在天地會心目中，佔有相當份量的地位，他們不但以鯉魚作為會內旂幟的圖案(《近代秘密社會史料》卷一，即收錄五種)，甚至在某些場合，還用它做辨識對方身份的道具，如同前書卷五所載〈奉壹碟鯉魚便吟詩〉：「桌上金盆載鯉魚，兩尾分開八字書；但得禹門三汲浪，壹變金龍就吐珠。」乃是。

▲天地會鯉魚旗幟。

從上引資料，可知龍門一詞，對天地會而

言，固然有其政治意識，但卻與土地公廟無涉，何以又以此作爲土地公廟之名呢？這點則須回顧到上述代表龍門的二板橋了。據《清代秘密社會史料》的記載，在二板橋頭，原有位賣果的「白鬚公公」名謝邦恆（一作謝邦行），故天地會拜盟儀式的步驟，「過火坑」之後，接著就是「買果」、「取錢」而散會，關於「白鬚公公」謝邦恆，該書卷四〈先鋒問答〉有云：「問橋尾乜人。在？答有一位白鬚公公，在此賣果只。問姓甚名誰？答姓謝名邦行。問有何爲證？答有詩曰：『本是南山一老翁，二板橋頭訪英雄；謝氏邦行賣果只，轉身原是白頭翁。』」而卷五的詩句，也有一首類似的〈福德祠詩〉云：「本是南陽一老翁，義（二）板橋頭訪英雄；福德祠前來賣果，轉身原是白頭翁。」二詩參照之下，可以發現二板橋的白鬚公公，實際上已轉化爲天地會木星信仰的福德正神，而二板橋又能代表龍門，故筆者認爲以龍門爲福德祠名稱，原是順理成章的，但因年代久遠，土地神與福德神糾纏不清，致誤以祀福德神的龍門廟爲土地公廟，也就不以爲怪了。

龍門廟的地緣關係

龍門廟的得名由來，已如上文所述，而再從另一個角度來看，也是兩相脗合的，筆者曾將龍門廟所在地八杞仙的地緣關係，作過一番了解，不但其附近在淸代有天地會的活動，甚至該地還曾發生過會黨抗淸的事件，且尚留有其他可供探索的地名，茲略述如次：

(1)乾隆末年，天地會領袖林爽文起兵抗淸，前後三年之久，本地即屬其勢力範圍，迨林氏兵敗，撤退入山，其根據地之一「爽文路」，即爲今中寮鄉爽文村。

(2)林爽文起事失敗後，天地會的勢力，雖

遭嚴重挫折，但其活動及發展，並未因此終止。乾隆五十三年（西元一七八八年），有天地會黨陳信，借住於素識的謝志家，陳信衣包內帶有天地會誓章一紙，內載有「有福同享，有禍同當，一人有難，大家幫助，若是不救及走漏消息，全家滅亡，刀下亡身」等字樣，陳信並告以天地會的結盟儀式。謝志原籍廣東，自幼隨父母渡台至彰化，肩挑爲活，旋遷居南投。乾隆五十五年（西元一七九〇年）七月二十八日，乃與漳州人張標商議，欲復興天地會，邀人入會，並刻有圖記，上刻「福中興萬合和」六字，凡入會者即將圖記印給紙片以爲圖記，入會者共十八人，於九月初二日，在南投虎仔坑訂盟結會，公推張標爲大哥，排設香案，在神前宰雞歃血鑽刀，謝志取出天地會舊誓章，與張標在神前跪讀，然後將誓章在神前焚化，與衆兄弟分飲血酒，謝志又將天地會用左手伸三指朝天的舊記號，傳授給衆人，事見《明清史料》戊編第四本（乾隆五十六年三月十二日台灣總兵奎等奏摺移會抄件），此爲本區繼林爽文之後，目前已知的首次天地會活動。

(3)道光二十二年（西元一八四二年），龍門廟所在地八杞仙，亦發生過天地會豎旂抗清事件，緣有陳勇、黃馬均係彰化縣（按：後

▲福德正神像。

者當住在八杞仙），因鑑於吏治腐敗，營規弛廢，而卻乘中英鴉片戰爭，洋船來擾之機起事，陳勇遂自稱「鎮溪大王」，黃馬自稱「鎮山大王」。以廖茹、廖添來等為軍師，以陳憐、廖梅李、徐大豬琴等為元帥，蘇志傑、陳碩、林紂等為先鋒，其餘黃坳、陳建沿、廖詢等二百餘人為旂脚。黃馬佔住水沙連山內八杞仙，陳勇佔住觸口（在今清水溪南雲大橋附近），搬運山石，在竹圍內砌成石圍，可藏數十人，先於四月初八日，在石圍內同飲血酒，造白旂二面，上寫「鎮溪大王陳」、「鎮山大王黃」字樣，約期於五月初十日豎旂起事，因派遣黨徒至附近村莊索銀派飯，致消息外洩。五月六日，彰化縣知縣魏一德乃與北路協副將關桂、北路協中營都司岑廷高、水沙連千總倪捷升、外委陳林生、南投縣丞胡鈞等，率帶兵勇屯丁，往剿觸口，黨眾則恃其石圍堅固，復於牆上砌成砲洞，施放鎗銃，抗拒清軍，後為清軍攻破逃散，陳勇走依八杞仙黃馬，又被清軍圍捕，將黃馬等眾拏獲，陳勇復同餘黨逃至海口各處潛匿，其黨夥因被陸續捕獲，陳勇被追緊急，復潛入內山。九月十五日，率黨至林圯埔搶劫陳希亮等布店，經清軍、民勇埋伏，布置嚴密，次日遂被擒解郡。陳勇、黃馬、陳憐、廖梅李、徐琴、蘇志傑、廖添來、陳碩、林紂等凌遲處死，餘黨皆處斬梟首，脅從者從配雲貴兩廣充軍，其事遂平，見姚瑩《東溟奏稿》。

(4)中寮鄉境內的地名，除「爽文路」與天地會攸關外，八杞仙附近的「先鋒嶺」（今作「仙鋒嶺」，實誤）、「撻仔灣」，恐怕也是天地會黨所命名，因天地會文件內有蘇洪光「改天佑洪掛先鋒印信」一事，故其拜盟式中有「先鋒對答」一項，並流傳有許多「先鋒遊城詩」，茲不另贅。後來天地會歷次起事，均封有「先鋒」的職稱，即淵源於此。上述八

杞仙一案，即有蘇志傑、陳碩、林紂等三人封為先鋒，很可能三人之中，有人居住該地，故稱為「先鋒嶺」。又我國古代對胡人種族的稱呼，韃靼是其中之一，後來更以「韃子」作為胡人的通稱，但「韃子」一名，在天地會文件中，均寫作「撻子」，其詩句中隨處可見，茲舉一例：「殺絕滿洲西撻子，洪家重整舊珠璣。」如今中寮鄉的「撻仔灣」，寫法與天地會文件相同，是為天地會黨所命名的確證。

結語

近年來，社會經濟繁榮，建設突飛猛進，隨著高樓大廈的林立，許多我國南方式的傳統建築，均被拆除，改以鋼筋水泥重建，不僅通都大邑的古廟如此，甚至連窮鄉僻壤的土地公廟

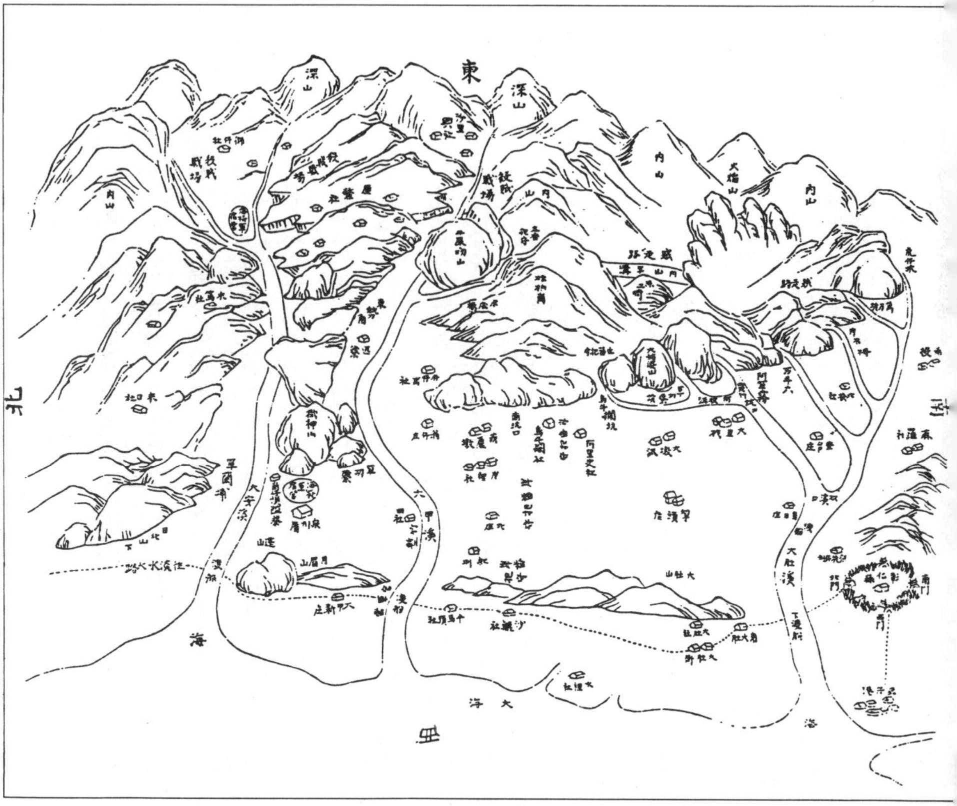

▶南投縣中寮鄉曾是天地會活躍之地。

也不能倖免。中寮鄉八杞仙的龍門廟，便是後者的一個典型例子。猶記民國七十一年(西元一九八二年）年初過此，龍門廟尚屹立無恙，迨年底再經斯地，眼前赫然呈現一座新建的土地公廟，舊廟的石材，多被鋪成石階，僅剩數片較大的，可能派不上用場，散棄樹下，而那塊鐫有「龍門廟」三字的石片，也不知去向，恐已被埋入地下。新廟爲一小型的水泥建築物，門首大書「福德正神」，顯然執其事者，並不知此廟有一舊名稱爲「龍門廟」，惜筆者當初未能將此廟額攝影存眞，終於造成無可彌補的遺憾。所幸因該廟名爲龍門，迥異於一般土地公廟，筆者追查之下，而發現該廟的得名，與清代活躍於該地的天地會有關。惟歷經百年滄桑，龍門廟的存地，固已無任何政治意識可言，況重建之後，舊名湮滅，知者幾希，願拙文的探討，能爲它的歷史，留下一鱗半爪的記錄，庶不負當年天地會黨隱寓民族大義於廟名的一番苦衷。

筆者於民國七十六年春節，重過龍門廟，發現門首原用大理石鐫刻的「福德正神」橫額，赫然易爲「龍門廟」，據悉即當地人士閱讀拙文後的結果。另據林衡道先生《台灣勝蹟採訪冊》，台中東勢鎭有土地公廟永安宮，一名「鯉魚廟」，與「龍門廟」不謀而合，當亦淵源於天地會木星信仰，姑附此記之。

3／休把馮京作馬涼

——南埔「陳府將軍」爲何人？

陳府將軍所祀「陳烏面章」；之所以會被認爲是開漳聖王陳元光，一爲文獻無徵，二爲民間口傳的劫富濟貧事蹟，並無任何記載可資印證，因而往往就將所祀神祇附託於歷代名人。

台灣是個多神信仰的社會，在「南人尙鬼」傳統的推波助瀾之下，天地之間，鬼神無所不在，而人們爲了求得心靈的慰藉，也就無所不拜；歷代賢哲、自然現象，乃至孤魂野鬼，都成了崇祀的對象，觚稜一角，香火一龕，長享人間煙火，然而年湮代遠，人們但求靈驗，所祀神祇是誰，往往都被忽略了，不知來歷者有之，張冠李戴者有之，佛道不分者有之，揑造神蹟者有之，令人迷惑不已。

「陳烏面章」的傳說及轉化

南投縣草屯鎭中潭公路旁的南埔，有座極

富傳奇性的廟宇——「陳府將軍廟」，這座廟佔地寬敞，建築雄偉，近年更積極投入文教事業，建了一棟美輪美奐的文教大樓，其香火鼎盛也就可想而知了。

據說以往每年三百六十五日天天廟埕都有戲上演，是司空見慣的事，足與台中縣大里市的七將軍廟相媲美。

民國六十五年（西元一九七六年）以前的陳府將軍廟，是個典型的鄉間蕞爾小祠，為「境域約十餘坪，基地約五坪」的磚、木造平屋。五十年代的台灣，物質生活較匱乏，陳府將軍廟也難免於「平日香火蕭條，維持財源，僅靠信徒喜捨」的窘境。民國六十五年以後，隨著台灣經濟起飛的脚步，陳府將軍廟開始脫胎換骨，躋身大廟之林。而與之俱來的，則是廟祀主神「陳烏面章」（或稱「陳墨章」）已悄悄的轉化為開漳聖王「陳元光」了。據說是廟方在改建竣工後，擲筊神前請

◀陳府將軍廟。

示的結果，究其原因，主要是陳府將軍事蹟，僅靠著難以史實印證的民間傳說流傳，而開漳聖王陳元光，生前既有將軍頭銜，又是陳姓，知名度也高，自然而然兩神之間就被劃上等號了。

陳府將軍來歷，未見清代方志記載，早年只有地方上的片段傳說，西元一九三四年（日昭和九年），日本人鈴木清一郎編著《台灣舊慣冠婚葬祭與年中行事》，纔摭拾這些傳說，在書中加以介紹，大意略謂：陳府將軍，本名陳墨章，因臉黑而得名，是乾隆年間彰化員林街人氏。由員林街遷居南埔，適逢發生饑荒，民不聊生，乃開放施倉存糧，並首倡向殷戶募款，賑恤饑民，而其受恩澤者數千人。假使有人吝嗇而不肯捐助，陳墨章就會派人一再勸說，遂爲某巨富到官衙誣告他聚衆勒索，橫行鄉里，於是官府就把他捉來嚴刑拷打，陳墨章非但不肯納賄，反而痛罵誣陷良民，最後被處斬棄市。事後，居民感念恩德，乃建廟祭祀，並尊稱「陳府將軍」。

「陳墨章」爲民請命被誣陷而喪命的傳說，從清代到日治初期，纔見諸文字記載，此後一直到二次戰後，許多文獻書刊都沿用這條資料，如劉枝萬《南投縣風俗志宗教篇稿》、《南投縣人物志稿》，以及追雲燕《三教聖誕千秋錄》、鍾華操《台灣地區神明的由來》……等，情節都相同，只是文字互有出入而已。

據上述鈴木清一郎《台灣舊慣冠婚葬祭與年中行事》書中的說法，「陳墨章」是因臉黑而得名。事實上地方耆老，至今仍有陳府將軍本名「陳章」，以臉黑故俗稱「烏面章」之說，那麼很顯然的，鈴木清一郎在下筆時，已經作了一番潤色，把民間傳說的「陳章」、「烏面章」（或「陳烏面章」）寫爲「陳墨章」，於是也有人引述鈴木的文字資料時，乾脆就

▲「陳府將軍」神像。

「陳烏面章」其人其事

民國六十五年，陳府將軍廟因香火鼎盛，而大規模改建，廟方以擲筊問卜方式。推翻了民間相傳百年餘的「陳烏面章」、「陳墨章」舊說，以開漳聖王陳元光取而代之。為此，民國七十三、七十四年（西元一九八四、一九八五年）間，纂修《草屯鎮志》時，便曾引發爭議，最後以折衷方式解決，該志〈宗教禮俗篇〉在「開漳聖王」條下記載說：「開漳聖王或稱陳聖王、聖王公、威惠聖王、『陳府將軍』等……。本鎮南埔陳府將軍廟，所奉祀主神有二說，一即一九七六年以前之陳墨章，一即廟祝擲筊神前請示，而斷定應為陳元光。」就是受到爭議影響，不得不然的寫法。

此外，當時我也有幸參與《草屯鎮志》人從俗改用這項俗稱，不再寫為「陳墨章」，如《台灣地區神明的由來》就說：「(陳府將軍)姓陳名章，原來是員林人士，因為他面貌漆黑，地方上一般都叫他『烏面章』。」另林永根《南投縣寺廟沿革暨供祀神祇源流》一文，所載相同。

物篇的纂述，按早年劉枝萬纂修《南投縣人物志稿》時，曾參採鈴木所記，在第七章的「義民」項下，立有陳墨章傳記。陳墨章傳說事蹟雖與草屯關係密切，但卻苦於缺乏具體史料，來證實確有其人，加上又有陳府將軍即陳元光的「神意」，人物傳中只好將陳墨章給割愛了。

「烏面章」，是民間對陳府將軍的俗稱，因他姓陳，所以也稱作「陳烏面章」，而從清代一直到二次世界大戰後，這個俗稱並無改變。至於「烏面章」事蹟，固然民間流傳一段濟貧被誣的感人故事可供佐證，但故事的眞實性如何？「烏面章」是否眞有其人？多年來仍是個解不開的謎團。據我的猜測，「烏面章」傳說，地方上絕對是有所根據，不致憑空揑造，只是缺乏史料予以印證而已。不論如何，故事本身，就是一條很好的線索，特別是「烏面章」這個俗稱，因此，揭開陳府將軍身世之謎，我在涉獵文獻史料時，無時不念茲在茲。

傳說中「烏面章」故事發生於乾隆年間，乾隆一朝文獻乃成了我初步蒐尋的目標，可惜迄無所獲。幾年前，偶然在道光《彰化縣志》發現了若干蛛絲馬跡，據該書卷八〈人物志〉王松傳的記載，王松四男拔貢生王雲鼎在道光六年（西元一八二六年）的「匪徒焚搶案內」，曾經「募義隨軍，與賊打仗，計擒首犯『烏面章』。」王雲鼎計擒「烏面章」，爲道光六年事，所謂「匪徒焚搶」，指的是這年發生的閩粵分類械鬥而言，《彰化縣志》卷十一〈雜識志〉對本案有很簡單的記錄，略謂：先是東螺保睦宜莊（在今田尾鄉）有李通等人，因竊取黃文潤的豬隻而起，互相鬥狠，於是各處匪徒乘機散布謠言，宣稱是閩粵分類械鬥，莊民聞風蠢動紛紛遷徙各地。員林一帶粵人，紛紛搬入大埔心莊及關帝廳

等處，此後械鬥又往外蔓延包括內山（今南投、草屯一帶）、葫蘆墩等處，以及大甲溪以北，淡水廳屬，都發生分類焚殺案件，不可復制。同年，閩粵械鬥案，震驚朝廷，閩浙總督孫爾準奉旨渡台緝辦，事件纔告平息。

從上述記載，可知道光六年的閩粵械鬥餘波當中，確有「烏面章」其人，且與員林及內山一帶有地緣的關係，按清代所謂內山，包括今南投、草屯、竹山、埔里等近山地區，而南埔位在草屯、埔里之間，加上又有「烏面章」一名見諸文獻記載。至此，揭開「陳烏面章」身世之謎，可說是有了初步的眉目，只待更具體的資料證實罷了。

道光六年閩粵械鬥的剿平，爲閩浙總督孫爾準任內的重要政績，因此當時的官方資料，留有不少奏摺與口供，關於事件始末及「烏面章」在事件中所扮演的角色，同年七月十七日，孫爾準在審訊各犯口供後，曾將案情及所擬懲處情形向清廷報告，略云：

緣李通本籍廣東，在台生長，住居彰化縣西螺保饒平厝，素與水沙連內山閩籍匪賊陳進即『唐山進』、陳新喜即『烏面章』、陳秀等交好。本年四月初五日夜，李通糾同李色等偷竊曾厝崙黃文潤家豬隻賣銀分用。黃文潤託伊妻勳邱順義查知，投保搜莊，李通翔怒，初十日糾邀已獲正法之陳新喜、陳秀、巫懷、李色、曾瓩、張枕、鄧籃、格變之許神助、邱大、現獲之楊三、在逃之陳月中等三十餘人，持械同至黃文潤家搜劫財物。黃文潤喊同鄰莊捕毆格鬥，經邱順義與不知姓名莊鄰格殺拒捕夥賊許神助、邱大二名，賊夥不甘，將黃文潤住房放火焚燬而散，黃文潤報縣會營勘緝，李通愈懷忿恨，起意糾衆搶掠報復，當與陳新喜、巫懷商議，陳新喜以附近粵人無多，不如假託閩粵分類械鬥之名，煽惑閩人幫助，乘機攻搶，李通又以攻莊必得放火燒房，使之處處擾亂，方與分類情形相合。商定後，亟懷先赴粵莊散謠恐嚇，陳新喜到處煽誘，李通隨製造白布黑邊旂一面，並未書字，合之陳進一夥，共有五十餘人，各攜刀械，李通執旂，陳新喜打鼓，自十八日至二十九日，焚搶粵莊十餘處……各路匪徒聞風響應，各自糾夥肆行焚搶……遂致日聚日多，此李通等造謠焚搶各路匪徒附和滋事之實在情形也。

這段奏摺所述，為械鬥發生初期情形，李通偷竊黃文潤豬隻固然是導火線，但事件的擴大，卻是在李通事後被查知而糾同陳新喜等三十餘人前往黃家搶劫開始，接著再挑起閩粵情結，終於南北蔓延，南至嘉義，北至淡水，都捲入這場莫名其妙的閩粵械鬥案。

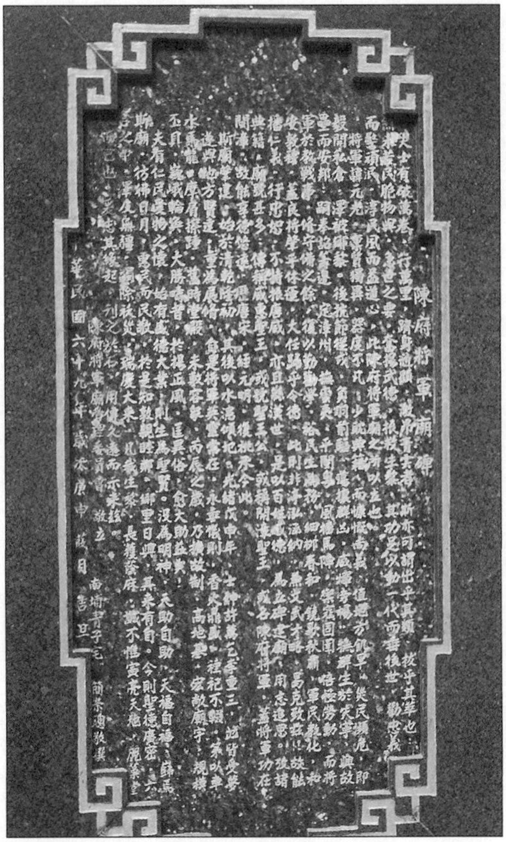

▲改建後所設立的「陳府將軍廟碑」。

傳說與史料相符

將孫爾準奏摺與民間傳說加以比較，除了傳說所謂「陳烏面章」故事發生於乾隆年間，與史實不符，顯係後人誤傳外，其他各節，不乏可資考證者，諸如：

(1)傳說的主角人物「陳烏面章」，在孫氏奏摺中引發械鬥案的重要人物陳新喜，亦有個綽號叫做「烏面章」，此一「烏面章」在《彰化縣志》王松傳中，就逕稱他為「首犯」，另孫氏於道光六年五月剛擒獲陳新喜時，向清廷奏言，也認為「其烏面章實為罪魁，凡首倡謠言，勾結番民派飯、歛錢及攻莊擂鼓督陣，皆係該犯主謀。」凡此種種，均可證實「陳烏面章」確有其人，而且在事件中，也居於領導地位。

(2)傳說中稱「陳烏面章」是「員林街人氏」，後來遷入南埔云云，其實據孫氏奏摺，早已載明他是「水沙連內山閩籍匪賊」，換句話說應是今南投縣竹山鎮方面的人。何以傳說與史料中有此誤差呢？這其中的緣故，只要對當時若干文獻史料加以解讀，就不難豁然貫通了。按李通邀集陳新喜等攻搶黃文潤的地點曾厝崙，為今彰化縣田尾鄉南曾村及北曾村，搶案發生之初，員林街是陳新喜黨衆出入必經之地，因此，「員林一帶粵人，紛紛搬入大埔心莊及關帝廳莊」（《彰化縣志》語）。李通、陳新喜等糾黨搶劫案，經黨衆的推波助瀾，竟演變為盲目殺掠的閩粵械鬥案。不久，福建陸路提督許松年帶兵由嘉義趕往彰化一帶，黨衆「聞風奔竄」、「分散藏匿」，陳新喜等人當在這種情形之下，往山區逃匿。約在五月中旬孫爾準即將渡台之際，就由義首王雲鼎及頭圍縣丞丁嘉植拏獲陳新喜，同時被捕的尚有陳卯、林紅等十多名（《孫文靖公奏牘》）從這些跡象來看，陳新喜等既常出入員林一帶，逃避官兵搜捕，又向內山藏匿，無怪乎民間會有他是「員林街人士」而搬遷至南埔的說法。

(3)傳說中的「陳烏面章」，是個義賊，因發

生饑荒，開放私倉，並向殷戶「募款」，賑濟饑民，如遇不從，就派人「一再勸說」，最後被捕，經嚴刑拷打，而問斬棄市。這些情節，與孫氏奏摺所敍，幾乎全部符合，只有他的搶劫動機，民間版本多出個「發生饑荒」、「賑濟饑民」而已，這點或許是實情，饑民鋌而走險是台灣民變史上司空見慣的事。道光六年五月下旬，孫爾準奉旨渡台，同時恭請王命旗牌，陳新喜等很快的就被「正法」（見《孫文靖公奏牘》），與傳說「問斬棄市」相同，地點可能就在今將軍廟附近的隘寮溪畔。

陳府將軍廟滄桑

「烏面章」陳新喜被斬之後，當地居民曾在隘寮溪畔建祠祀之，並尊爲「陳府將軍」，其性質約介於大衆爺、義民爺之間，迨至清末光緒十幾年時，小廟因溪水氾濫而沖毀，乏人修復，任其荒蕪，直到日治間加以重建。重建的原因，至今民間仍流傳著一段「靈異傳奇」故事，據說西元一九〇八年（日明治四十年）七月十五日夜晚，新莊醫生許萬乞，夢見有個農夫模樣的人，手拿一把刀跟他理論，於是他也持刀應戰，結果農夫戰敗負傷而逃。這時忽出現一白髮老翁，厲聲罵道：「汝竟膽敢傷我臣僕！」說完就手執煙袋桿，捶其左脚大腿。翌晨，許萬乞醒來，覺得腿部疼痛難堪，檢視之，果然有一塊被打的青腫。

當晚，老翁又托夢給許萬乞說：「吾乃陳將軍也，廟毀祀絕，苦不堪言，汝倘痛改前非，聽從吾命，修復廟宇，日後香火必盛。」天明，許萬乞就到南埔莊查訪，並將經過情形，都告訴莊人李重三，因而證實了夢中老翁廟毀祀絕之言，許、李二人乃聯合爲發起人，重建將軍廟。許萬乞自捐五十元，再向居民募捐三百元，於同年十一月興工，至十

▲陳府將軍廟廟埕曾有整年每天酬神戲不斷的記錄。

二底落成。

將軍廟重建初期，信徒咸信陳府將軍生前開倉賑貧、挫強扶弱，只要虔誠供奉，都會有神靈感應，因此香火鼎盛、祈福、許願者絡繹不絕，每年從正月十五到二十共六天，舉行盛大祭典，首日是供一般信徒祭拜，其他各日則由管理人主祭，但自許萬乞死後，香火就逐漸衰弱。(見《台灣舊慣冠婚葬祭與年中行事》)至五十年代，每況愈下，《南投縣風俗志宗教篇稿》所載：「信徒局限於該莊民……平時香火蕭條，維持財源，僅靠信徒喜捨。」可見一斑。

民國六十年(西元一九七一年)十一月，將軍廟正式申請寺廟登記，召開信徒大會，由當地居民李枝順任管理人，從此廟務蒸蒸日上，信徒演戲酬神，殆無虛日。民國六十五年，乃擴大改建，而成目前巍峨壯麗的廟貌，之後又增建文教中心於路南，中建天橋聯繫，使得將軍廟規模愈加可觀。

結語

隨著將軍廟的改建，民間傳說中的主神「陳

烏面章」也開始受到質疑，終於轉化爲唐代手拓閩疆的開漳聖王。不過據說當時地方上不少老一輩人士，很不以爲然，在他們心目中，陳府將軍仍是「陳烏面章」。民國六十九年（西元一九八〇年），將軍廟舉行祈安三獻，管理委員會建立了一座「陳府將軍廟碑」，爲了平息紛爭，促使地方團結，碑文中特在「將軍諱元光，稟質獨異，器度不凡，少耽典籍，而慷慨尚義。」之後，插入一段「値地方飢寒，災民瀕危，即榖開私倉，澤被鄉里。」以兼顧民間傳說。

陳府將軍所祀「陳烏面章」之所以會被認爲是開漳聖王陳元光，據我猜想文獻無徵是主因，民間口傳的劫富濟貧事蹟，既無任何記載可資印證，依照台灣民間俗信慣習，往往就將所祀神祇附記於歷代名人，如薛府王爺爲薛仁貴、徐府王爺爲徐茂恭之類，層出不窮。南埔爲漳籍墾民聚族之地，又有「陳府將軍」名號，自然而然就會聯想到漳州移民崇奉甚篤的開漳聖王陳元光了。

以筆者個人多年從事鄉土文獻蒐集、整理的經驗，許多民間傳說的背後，大都蘊藏著一段鮮爲人知的史事，只要鍥而不捨、抽絲剝繭，便不難發現歷史眞相。例如，竹山「紅旗公」、鹿谷「慚愧祖師公」信仰之謎的揭開，便是先有傳說，再配合史料考證的結果，「陳烏面章」問題，自參與《草屯鎭志》纂修以後，一直縈繞腦海之中，近年自《彰化縣志》讀到「計擒首犯烏面章」這句話，找到史料蒐羅方向，纔豁然開朗，進而得知「陳烏面章」本名陳新喜，是今竹山方面人士，因涉及道光六年械鬥案而被處死，眞相大白，爰草成本文，釐清訛誤，還原「陳府將軍」信仰舊貌。

4／土地神中的翰林

——開台翰林曾維楨故居「文德宮」

文德宮崇祀的當境老爺，
原是普通的地祇信仰，
卻因開台翰林曾維楨捷步青雲的影響，
而身價大增，
乃有朝廷敕封「與翰林同格」的說法。

神因人而貴的特殊例子，往往都與土地神有所關聯。蓋清朝時代，以科舉取士，台灣的讀書人爲了參加考試，往往長途跋涉，甚至遠渡重洋，於是他們都攜帶有轄境土地神的香火，以求旅途平安。倘幸而高中，便歸於神的呵護，迨其衣錦還鄉，乃將故里的土地祠修葺一新，同時將神像易以與本身品級相當的衣冠，俾報答神恩。

這種神以人貴的土地祠，最著名的，首推開台翰林曾維楨的故居文德宮（按：址在彰化縣花壇鄉白沙坑。據筆者所知，宜蘭進士楊士芳舊宅附近的土地神，也是頭戴烏紗帽

神祇中的尊卑之別

倫理道德，自古迄今，就極受國人的重視，不但人與人之間，有長幼尊卑的分別，同時對於神的觀念亦復如是。在林林總總的祭典之中，對「祭統」也有一定的劃分，清代以前，它可分「大祀」、「中祀」、「群祀」等三種典禮，大祀是由皇帝親臨主持，中祀由皇帝派遣親饗或朝官主祭，群祀則由朝官或所在有司祭祀。

神本身亦有尊卑之別，例如官方祀典的城隍之神，清襲明制，均以京師城隍爲天下都城隍，省設都城隍，府設府城隍，加封威靈公，州有州城隍，加封綏靖侯，縣有縣城隍，加封顯佑伯。至於民間崇祀，其尊卑則多視神的分靈先後而定，例如各媽祖廟中的大媽、二媽、三媽……等。

的。）文德宮不但以土地神聞名遠近，更兼規模軒敞，淩駕全台各土地祠，且該宮所在地的白沙坑，風景優美，彰化古八景之一的「虎巖聽竹」近在咫尺，爰就文獻記載與民間傳說，略爲探討此一深具地方色彩的翰林官神。

田頭田尾土地公

談到文德宮的土地神之前，不妨先追溯祂的來歷，土地神俗稱福德正神、福德爺、伯公，也有簡稱「土地」的。相傳係淵源於古代的社神，祂本是自然神的一種，據《白虎通》云：「人非土不立，非穀不食，故封土立社，示有土地也。」因此以祭祀五土爲社，祭祀五穀爲稷，從宋代開始，直到清代，社稷之神都是列入祀典的，當時製造有兩種神位，左稷右社，紅底金字，寫上「本縣縣社之神」或「本縣縣稷之神」，平時收藏於城隍廟，祭日才設於壇，由正印官行三獻禮（按：祭日爲春秋二仲上戊之日）。

與其他自然神相同，社神也隨著年代的變遷，而漸漸人格化，約在顓頊高陽氏時（西元前二五一四至二四三七年）「共工氏」之子句龍官居「后土」之職，以平九州有大功德，祀以爲社，那麼句龍可說是土地神的鼻祖了。

到了東漢時，又有蔣子文任土地神職一事，據《搜神記》說：「蔣子文，東漢秣陵人，爲秣陵尉，逐盜鍾山下，傷額而死。嘗自謂骨貴，死當爲神；及孫權都建業，子文乘白馬，執白羽扇，顯形於道，謂當爲此土地神，權乃封爲都中侯，改鍾山爲蔣山，以表靈異。」可見土地神並不祇句龍一人，乃是因時地而異的。所以宋朝時民間即奉襄陽人劉知常爲土地神，在官衙方面所祀的土地神，則名姓繁多，縣治祀蕭何、曹參、薛稷、

鮮于侁、張旭、岳飛等人，翰林院、吏部祀韓愈，均為功臣名儒。亦有謂某人正直或有某項功德，死後遂成為該地的土地神。

土地神，顧名思義，是執掌土地的神祇，不過後人大都當作財神來信仰，一般的造型，都給神像衣冠著帶，右手持杖，左手持元寶，工商業人士奉之尤虔，農曆每月初二日及十六日，都要虔誠致祭，稱為「做牙」（打牙祭），而以二月初二日為「頭牙」，十二月十六日為「尾牙」，這兩天商家都要舉行盛大的祭典，並犒勞員工。不過一般農家，則以每月初一、十五兩天，為土地神的祭日，在八月十五日舉行盛大的祭典，較之商家的「頭牙」、「尾牙」毫不遜色。

一般人都認為二月初二日是土地神的誕辰，其實這天似乎是昔日祭祀社神之日，否則功臣名儒死後亦為土地神，誕辰各自不同，徒令人無所適從。因此相沿成俗，二月初二日遂成土地神的聖誕。據追雲燕《三教聖誕千秋錄》引〈馬氏日鈔〉說：「昌平縣北，狄梁公祠，元大德中重建，學士宋渤記

▲土地公遍於田頭田尾。

之，穹碑尚存，常有光怪，每歲二月初二日，南山北山之人皆來作社，前數日夜，碑上即有火光，遠望碑字皆見，近視即滅。」這段記載，可為二月初二日土地神誕辰之說的註脚。

有句俗話說：「田頭田尾土地公」，這是指土地公廟之多而言，城鎮街坊，海濱山陬，到處可以發現祂的廟宇，不過絕大多是因陋就簡，小的可憐的祠廟。

據西元一九一八年（日大正七年）底的一項調查，全台以土地公為主神的祠廟，有六百六十九所，民國四十九年（西元一九六〇年），劉枝萬所作的《台灣省寺廟教堂調查表》，土地公廟則為三百二十七所，次於王爺廟、觀音佛祖廟、媽祖廟。當然調查表所列的，是以稍具規模的廟宇為對象，如果也把田頭田尾的土地公小廟列入的話，土地公廟該是居全台第一位的。

福德正神源於天地會

土地神為古代的地祇之一，起源極早，全國各地都極為普遍，但早期皆無「福德正神」稱號，何以今人會認為福德正神即土地神呢？雖然《三教聖誕千秋錄》中，採錄有民間傳說，略謂：「土地公係周朝人，姓張名明德，為某上大夫家僕，上大夫之幼女在鄉思父心切，家僕背之，擬赴任所會晤乃父，因路途遙遠，半途天降大雪，僕脫衣保護之，自己反而凍死。義僕死後，空中突顯『南天門大仙福德神』八字。……某上大夫感念義僕恩德，乃建廟祀之……爾後轉稱土地公。」不但追雲燕仍謂「稍嫌牽強附會」，筆者也認為此一傳說，缺乏史實佐證，難以置信。

至於何以稱土地神為福德正神，據東吳大學教授翁同文先生的研究，當源於清初天地會的祀木星，蓋因古代的占星學信仰，木星

即爲「福德」之星，又是具有「天德」之貴神，凡木星照臨之國，就可以免禍致福，而天地會與滿清對抗，儼然敵國，遂於會場立祠祭祀，作爲守護神，與土地神的性質近似。

按木星約十二年繞日一周，古人將它的運行軌道分爲十二段，稱爲「星次」，察其運行，用以祀歲，故原名歲星，後來五行之說起，將金木水火土與五大行星相配，才又叫木星。《左傳》襄公二十八年「龍，宋鄭之星也。」下注云：「龍，歲星；歲星，木也；木爲青龍。」疏云：「歲星，木精。木位於東方，東方之宿爲青龍之象，故歲星亦以龍爲名焉。……歲星，天德之貴神，福德之星。」據這些資料，木星轉化成龍，爲具有天德之貴神，又爲福德之星，可知福德正神祠與木星的關係是何等密切！

▲土地公的造型多和藹可親。

至於天地會的所以崇祀木星，據翁同文先生考證，乃由於明朝皇帝姓朱，而《說文》解朱字的意義爲「赤心木」，遂由朱字的誘導，使得天地會有木星的信仰。證以該會創立於康熙十三年（西元一六七四年）甲寅，其天干的「甲」與地支的「寅」，在五行系統中，適皆爲木，愈覺可信。

蕭一山所編輯的《近代秘密社會史料》書中，收錄天地會文件甚多，其卷首有洪門總

圖四幅，各幅皆繪有福德祠，乃是淵源於該會以木星爲守護神的緣故，性質特殊，並非普通的土地神。但日久之後，祂的來歷遂被會員們淡忘，誤認爲是會場的土地神，後來又傳到民間，從此土地神與福德神混淆，而沿襲至今。

天地會的福德祠，源自該會的木星信仰，已如上文所述，木星不但是「福德之星」，同時也是「天德之貴神」，因此福德祠又稱「天德祠」，是理所當然的。而台灣以祀土地公爲主神的福德祠中，建於乾隆初年者，竟然也有「天德祠」的存在（按：天德祠在桃園市民族路），更說明了該祠原是祭祀源自木星信仰的福德正神，否則一般的土地神，何足以言「天德」？

土地神原是全國各地極爲普遍的神明，我們平常所見到的造型，都是如古裝戲中老員外的裝扮，白髮蒼顏，和藹可親，一手持拐杖，一手持元寶，但花壇鄉白沙坑所奉祀的，卻截然不同，神像身著官袍，頭戴烏紗帽，威儀凜凜，並尊稱爲「當境老爺」。

民間相傳當白沙坑出身的舉人曾維楨赴京應試，被選爲翰林院庶吉士之後，參加御前殿試時，皇上恍覺他的背後，立有一位白髮蒼顏的老翁，忽而不見，乃驚訝問道：「曾卿背後所立何人？」維楨答道：「臣並未帶人上殿，只有結帶轄境土地神香火，藉護考途平安而已。」皇上遂認爲這是維楨故里的土地神顯化，於是敕封神與翰林同格，並賜御製烏紗帽，由曾氏代領，是爲白沙坑「當境老爺」袍帶異於他處的由來。

威儀凜凜的當境老爺

另彰化宿儒吳德功所著《戴案紀略》的記載，同治元年（西元一八六二年）三月，八卦會黨戴萬生起事，攻陷彰化縣城後，凡是

會黨來攻，神必先降乩指示。同年八月十五日，戴黨部屬大元帥林日成大會各頭目，在縣城內大聖王廟（即今彰化市開漳聖王廟威惠宮）祭旗。翌日，率會黨萬餘名，猛攻白沙坑、口莊。這天早上，忽有一「白髮老人」手執銅鑼，到三家春、茄苳脚等莊鳴鑼討救，於是拔貢生陳捷魁、李華文、陳宗文等率莊丁到白沙坑，然卻不見動靜，等到剛食早飯畢，忽報會黨萬餘分三路來攻——林日成率林貓由大岸頭攻白沙坑。鄭知母欲報弟玉麟之仇，率衆攻口莊。王萬、江有仁由福人坑山路攻虎山岩坑。殺聲驚天動地，陳捷魁與陳宗文親自出陣頭督戰，鉛子如雨，手中所執的令旗三度改易，都被鉛子擊碎，而身體卻毫髮無損，於是愈戰愈勇。自辰至申、酉之交，數個時辰，雙方勢均力敵。忽有葉虎鞭引所部由口莊竹巷橫截殺出，加上當時避亂白沙坑約萬餘人，其中有壯丁數千人，也奮勇助戰。使得白沙坑堅如鐵桶，無隙可擊。這時，林日成乃登觀音山遙望白沙坑，但見檳榔樹森列，竹木參差，即回頭對江有仁嘆道：「此眞鐵國也！」江有仁亦有同感，直到日暮才鳴金收兵。第二日再戰，會黨愈覺不利，商議退兵，惟鄭知母報仇心切，堅持再戰，林日成不得已又連攻四日，因營中忽出現甚多毒蛇，騷擾不安，被傷者多死，才退回彰化。

白沙坑一役，義軍所以能大獲全勝，居民咸信那是土地神——當境老爺顯靈的結果。事後，曾由台灣鎭掛印總兵曾玉明奏准清廷，頒賜匾額，以奬神之靈。因吳德功當林日成攻白沙坑時，適避亂莊中，親見其事，所以他在這段記載之後，又列舉數事，加以印證並評論道：「神道設教，有識者詆其妄，然觀白沙坑一役，於不可信中，亦有可信者。當與賊相持之時，凡賊欲來攻，必先降乩指

示：，莊民素信重之，輒著靈驗。嘗聞福神言：賊明天排長蛇陣，當排蜈蚣陣以破之。如是者甚多，雖莊民信而行之，屢打勝仗，或者會逢其適，而觀當日偵探入莊，伏在廢塚內，乩童扶神輦直抵坑內廢塚窟內擄之。賊懸賞格，如請福神入城者，賞五百金；時有偵探密藏神像於米籃內，蓋之以笠，行至街中，忽風吹去笠，街民乃擄而詰之，果是賊偵探。

余舞象時，避亂莊中，親見其事，故知之詳。厥後曾鎮奏請匾額，獎神之靈，詔許之。最可哂者，賊聞福神顯靈，輒獲勝仗，賊依樣畫葫蘆，裝神裝鬼，無奇不有，請他神抬於陣上（筆者按：指「南瑤宮」媽祖），以冀其助戰，豈知神聰明正直而壹也，依人而行，豈肯助逆橫行乎？」這些記載的確令人不可思議！

其次談到會黨營中出現毒蛇騷擾一事，也有人認爲是土地神顯靈，據鹿港蔡青筠說：「聞白沙坑之土地神像，所服袍帶異於他處之土地，則此拒賊顯靈，有旨褒獎故也。則賊營之毒蛇縱橫，未必不非土地神之靈也。請以一事證之：日明治二十九年丙申春，勝記與林朝棟合資設置南港山之腦寮，於龍眼林設金萬和公館，董腦務之事；伊時毒蛇肆橫，腦丁多被所傷，作業不安。不得已，徇腦丁之請，演官音二檯，殺豬、羊各二，金

▲文德公「當境老爺」的土地公造型與他地不同。

錢紙帛稱足，以祭該山之土地神；自是蛇遂潛蹤。此予親覩而與其事者。誠如是，則賊營之蛇，即謂白沙坑土地神之靈也，亦無不可。」據蔡氏的說法，他認爲白沙坑土地神的袍帶之所以異於他處，是因爲祂在同治元年的白沙坑之戰，曾顯靈之緣故。

據筆者推測，也許先有吳德功所記，此役之後，總兵曾玉明曾奏請清廷賜匾獎神，結果「詔許之」，故蔡氏遂有此說，顯然他並不知道當地的土地神在白沙坑之戰以前，就已與翰林曾維楨有過密切的關係。

金馬玉堂曾翰林

唐朝開元年間，設置學士院，選拔文學優美的士子爲翰林學士，專掌制誥，宋代改名翰苑，明代改學士院爲翰林院，清代沿襲此一制度，仍設翰林院。

翰林的產生，極爲嚴格，各省舉人參加會試，中試者稱爲「貢士」，貢士經保和殿覆試，分一、二、三等，列等者始准殿試，殿式中式者稱爲「進士」，分一、二、三甲，接著舉行朝考，一二三甲進士全體參加，亦分一、二、三等，此時閱卷大臣，就諸進士的覆試、殿試、朝考三項等第，核計授職。其中以翰林院庶吉士爲最優，以次爲分部學習、中書、知縣。

所謂核計等第授職，舉例來說，如果覆試一等、殿試二甲，朝考一等，總數爲四，必授翰林院庶吉士。覆試二等、殿試二甲、朝考一等，總數爲五，也可授翰林院庶吉士，俗稱爲翰林，實際上是候補翰林而已。庶吉士仍須到院（入庶常館）學習，三年期滿再行考試，謂之考「散館」，績優的留翰林，授編修、檢討，至此才算名正言順的翰林，次者改授給事中、中書、推官、教職等職。

產生翰林的歷程，已如上述，重重考試，

可說是精挑細選，所以自清初到嘉慶末年，台灣從未有翰林的出現，直到道光六年（西元一八二六年），才有彰化籍的曾維楨為翰林院庶吉士，為台灣的破天荒，也是有清一代，全台三位翰林中，自出生以後，迄經過朝考入翰林院，其全部的教育過程均在台灣，而未仰賴內地，也僅曾維楨一人，故稱為「開台翰林」，不但為本身爭光，連他故鄉白沙坑的土地神也獲得「與翰林同格」地位。茲將曾氏的生平略述於后：

曾維楨，號雲崧，前清彰化縣燕霧保白沙坑莊（今彰化縣花壇鄉文德村）人，祖籍福建晉江。父日襄公，約於乾隆年間渡台。嘉慶二十三年（西元一八一八年），曾氏由台灣府學附生，中試戊寅科葉大章榜第三名舉人（按：據《文德宮廟史》記載，說他十三歲入泮，十六歲中舉，以此推之，那麼當出生於嘉慶八年。）八年後，登道光六年丙戌科

◀白沙坑「文德宮」。

王慶元榜進士，殿試中試二甲，經朝考後，選爲翰林院庶吉士。

道光十年（西元一八三〇年），曾氏以翰林院庶吉士散館，出任湖南澧州府石門縣知縣，他在石門縣任內，清廉自矢，頗有惠政，同治七年（西元一八六八年）刊本《石門縣志》（林葆元等纂修），在名宦門立有傳記，說他「廉明惠和，振興學校，勤月課，獎掖孜孜不倦；今院規條皆所酌定。下鄉勘驗，伕馬取給廉俸，丁差舁役，無纖毫需索，弊絕風清。時有巨盜黨縣北之松滋兩界，橫行無忌，案積如林，罪在不赦；拘至，復敢越禁遠逃，嚴差捕獲，置諸重典，境賴以安。」

道光十二年（西元一八三二年），曾氏卸石門縣任，改調湖南衡州府衡陽縣知縣。同年，適值他家鄉的《彰化縣志》纂修告成，而以「前庶吉士湖南衡陽知縣曾維楨」的名銜，寫了一篇〈書後〉，文中並論及當時全台的地理形勢，頗爲中肯。

翌年，曾氏改調爲湖南岳州府巴陵縣知縣，十四年卸任。

此後多年的服官情形，文獻資料缺乏，不得而知。

道光二十年（西元一八四〇年）八月，以重修彰化縣學（即文廟）及刊印縣志告成，曾勒石文廟櫺星門的右牆，開列各捐題官紳，業戶姓名，其中有「翰林曾維楨，捐銀一百圓」等語，足見他雖身在內地，仍甚關心桑梓的文教事業。

後來曾氏又奉調爲湖北漢陽府孝感縣知縣，任期不詳，僅知道光二十五年（西元一八四五年）十月仍在任。他的卒年，雖無從獲悉，不過就同治七年纂修的《石門縣志》曾爲他立下傳記而言，按照志書不爲生人立傳之例，那麼可以斷言，在此以前曾氏業已作古了。

迎花燈的故事

相傳曾氏入翰林院，羈留京邸，鄉思常縈夢寐；某次，恰值元宵佳節，隨著皇上的鑾駕偏遊天街，觀賞花燈，但他卻觸景傷情，不覺涕淚縱橫。皇上遂驚訝的問道：「曾卿何故流淚？」曾氏奏云：「臣幼失怙恃，賴伯父母養育成器；今蒙皇恩優厚，而故鄉之伯父母，年老體衰，乞請辭官還鄉奉養，以盡烏哺之報。」皇上不准，即敕封他的伯父為文都郎，伯母為四品宜人，食祿百石，並鑾駕華蓋全套，可以排鑾入城。又旨賜白沙坑以翰林官神所在的文德宮為中心，每年元宵，依照京師之例，大迎花燈，以娛他的伯父母，故相沿至今，每逢元宵佳節，該地必迎花燈繞境，以紀念曾翰林的孝道。

儘管傳說如此，但依筆者所見，卻與史實出入甚大，根據《彰化縣志》有關曾氏尊人及伯父的記載，即可發現眞象。該志行誼門說：「曾日襄，字亦思，晚字又健，晉江人。……公弱冠，隨伯兄敦澤公渡台，為蒙館師，越數年，補邑弟子員，時伯兄老矣，方家居，公歲竭脯脩之入，以為薪水需，而不有私財，凡十餘年如一日，是可為人之所難者。……年八十一，卒於家。……子維楨經魁，庶吉士；姪拔萃，恩貢。」又封蔭門也說：「曾日襄，生員；以子維楨翰林，封儒林郎。」從這些史料，可證傳說中的曾氏「幼失怙恃」一節，是不足憑信的，何況《彰化縣志》還經曾氏讀過，撰有〈書後〉，可靠的程度，當不容疑問。

曾氏的尊人日襄公既克享八十一高齡，那麼為何會有上述的傳說呢？可能因目前曾氏伯父敦澤公的後裔獨住在白沙坑祖屋原址，且保存著道光二十五年（西元一八四五年）清廷敕封他伯父母為「文林郎」、「孺人」的

「聖旨」（按：非傳說中的「文都郎」、「四品宜人」。

又《彰化縣志》約成於道光十二年，日裏公已以八十一高齡卒，準此，那麼如果本年敦澤公還健在的話，至少有九十五歲以上。）而受敕封的原因，是敦澤公「代啓儒風」的緣故，遂被認爲是將曾氏「養育成器」，事實上並非如此。據合理的推測，可能因日裏公卒於道光十二年以前，而往後的十多年間，曾氏服官內地，全賴伯父敦澤公主持家計，才被敕封「文林郎」的，否則道光初年，何以日裏公早封爲「儒林郎」，卻不及於敦澤公呢？茲將該「聖旨」全文轉錄如次，以供參考。文云：

▲天地會洪門總圖中的福德祠。

奉天承運，皇帝制曰：誼篤敏共，入官必資於敬；功歸誨迪，猶子亦教以忠。爰沛國恩，用揚家訓，爾曾敦澤迺湖北漢陽府孝感縣知縣曾維楨之胞伯父，躬修士行，代啓儒風。抱璞自珍，克發珪璋之秀；儲才足用，聿彰杞梓之良。茲以覃恩，封爾爲文林郎，湖北漢陽府孝感縣錫之敕命。於戲！昭令問於經箱，書貽刻鵠；佩徽章於策府，寵賁迴鸞。茂典丕承，榮名益劭。制曰：家有孝慈之範，美以相濟而成，國崇褒錫之文，恩以並推而厚，爾黃氏，迺湖北漢陽府孝感縣知縣曾維楨之胞伯母，德可相夫，教能啓後。一堂環佩和音，克著其慈祥；五夜機絲内治，聿昭其柔順。茲以覃恩，封爾爲孺人；於戲！普一體之榮施，鸞章賁采，表同心於訓迪，象服分先。道光貳拾伍年拾月拾伍日。

湖北漢陽府孝感縣知縣曾維楨之胞伯父母。

關於文德宮迎花燈繞境的習俗，該宮設有「頭家爐主會」，爲「祭祀及迎花燈執事」，爐主一人司爐，爲總執事。頭家九人，各司燈排一座，並負責向長沙、文德、白沙三村基本信徒，收集丁錢，爲經費來源。從正月十四日開始祭典，這天先「進神兵」（按：所謂「神兵」，是屬於主神統轄，全軍分成東、西、南、北、中五營，各營都有神將，稱爲五神將軍」，神像是鎗身人首，平日文德宮供奉於廂房。）

翌日是元宵節，正式迎花燈繞境，同時也請出該宮由內地渡台的大老爺出巡，神輿前則由「欽點翰林院」、「賜進士出身」、「迴避」、「肅靜」等紅底金字的執事牌開道，一路威儀凜凜，好不熱鬧！十六日，是安神兵營的日子，其儀式是記下五營神將的大名（按：通常中營爲中壇元帥、東營爲羅昆、西營爲羅燦、南營爲文良、北營爲招賢），把五方旗分別挿在村落的五方，這等於把五營神兵部署好了，以便鎮壓散佈瘟疫的餓鬼和餓靈，這是文德宮迎花燈繞境前後三天的過程，而直到年底即十二月十六日，才將神將神兵撤退，並且須準備豐盛的祭品，犒勞五路的神兵，這是所謂的「收神兵」。迎花燈後，乃由信徒「擲杯」，選出明年的「頭家爐主」，任期一年，負責執行下一次的花燈繞境、祭典等事宜。

文德宮滄桑史

崇祀當境老爺的文德宮，址在彰化縣花壇鄉文德村彰員路三六〇號。它初建於乾隆年間，據說是「胡同知」新任彰化縣的同時，招募內地人士隨來墾荒，這些應募的墾民當中，有位名李朝魁的，乃從福建蚶江（按：蚶江在泉州，是當時與鹿港對渡的碼頭）請來土地公神像，以求墾務平安，不料船到大海，忽然風浪大作，情況危急，這時船中的人恍見有一白髮蒼顏的老翁，護帆支撐著，舟楫才化險爲夷，衆人無不感泣，向船中的神像跪謝，胡同知更是崇拜有加，所以當他到任後，特發起民衆建廟來奉祀祂，並獻匾額，題以「保安宮」爲廟名，用以答謝神的保護平安」，且兼寓「保境安民」的意義。

考傳說中的「胡同知」，乾隆年間曾任彰化縣知縣，根據這條線索的追查，年代最爲脗合的，則非胡邦翰莫屬了。胡氏字雄白，浙江餘姚人，乾隆十七年（西元一七五二年）壬申進士。乾隆二十六年（西元一七六一年）六月，由福建平和縣知縣調任彰化，任內勤政愛民，道光《彰化縣志》有他的傳說，說是「抵任後，興利除害，美不勝紀。置義塚則澤及枯骨矣，設留養則恩被窮民矣。實心實政，無日不軫念民艱，而惠最無窮者，莫如減則一案。先是水沙連荒埔墾闢成田，已

▶文德宮供奉的五營將軍。

報陞科，忽連年水災，沖崩壓壞者不可勝計；又年不順，成穀無半獲，民受課累，日追逋欠，邦翰知民疾苦，爲請大吏，備陳情狀。適制憲巡台抵彰，邦翰即躬導制軍，詣勘跋涉甽畝間，不辭勞瘁，復爲哀籲再三。制憲憫其誠，乃爲奏請豁免水沖田園數千甲舊欠供課數萬石，仍請減則，詔報可。民咸知爲邦翰力！雖婦孺猶歌頌弗忘焉。今沙連天后聖母廟，其後有胡公祿位祠，凡遇胡公誕辰，家家慶祝，如奉生佛然。」（按：胡公祿位，今尙祀於竹山鎭的媽祖廟連興宮）。

乾隆二十七年胡氏以彰化縣知縣陞署淡水撫民同知，故至今民間仍以「胡同知」來稱呼他。

咸豐年間，保安宮由本地出身的翰林曾維楨加以重修，並改名爲文德宮，以發揚文風德教。此後至日治期間及民國四十二年（西元一九五三年），又先後重修。

文德宮的殿宇，是民國五十八年（西元一九六九年）重建的，工程費爲五十八萬餘元。翌年，又完成兩側廂房，工程費約二十二萬餘元。民國六十三年（西元一九七四年），又分別建造龍池、花園完成，花費將近三十二萬元，另外燈籠工程費六萬八千元，也在這年完成，經費悉由信徒捐獻。

民國六十八年（西元一九七九年），長沙、文德、白沙等三村的居民，爲了配合「文德社區」的建設，聯合捐獻圖書館，坐落在該宮入口的牌樓旁，美侖美奐，俾供附近的學子使用，具有重大的意義。

文德宮的祭典，除了元宵節前後三天的迎花燈外，依次分別爲正月二十日演「壓丁戲」、二月初二日土地神飛昇祭典、八月十五日土地神千秋祭祀演戲、十二月十六日「收神兵」及「謝平安」。它的經費來源，是以白沙村先賢黃沙所捐獻的「土地公田」爲主，

少部份爲香客樂捐、基本信徒丁錢同時成立文德宮管理委員會，以處理廟務。

勝地鍾靈白沙坑

文德宮所在地的白沙坑，包括今長沙、文德、白沙等三村，這附近的峰巒，則統稱白沙坑。據道光《彰化縣志》說：「白沙坑山，在縣治南六里，峰巒特秀，奇麗莫匹。內有龜山、馬仔山、埤仔后山、虎山巖山，樹木陰翳，松竹交加，頗繞遊觀之勝；故以『虎巖聽竹』爲邑治八景之一。邑之書院名曰『白沙』，蓋取白沙山川之秀，爲邑治遙拱，主人材蔚起之象。」從這段描述，我們就不難看出白沙坑的風光，是如何的瑰麗了。

沿著文德宮前的「土地公溪」而上，穿過一片竹林，不遠處就是彰化八景之一的虎山巖了。

巖爲乾隆十二年（西元一七四七年），里人賴光高募建，左右依山環抱，茂林修竹，迥絕人寰，據說：「每當春夏之交，禽聲上下，竹影參差，清風徐來，綠蔭滿地，置身其間，彷彿神仙境界。」所以前人把此地列於八景之一。

道光二十三年（西元一八四三年），有名陳大高者，原籍廣東饒平，渡台開墾，老而乏嗣，某日遊歷虎山巖，甚覺合意，遂將他所有的田地一甲四分，悉數捐給該巖，作爲佛祖香燈，勒碑至今尚存。

此後該巖的沿革不詳，僅知日治初期及民國四十年（西元一九五一年）左右，先後加以重修。近年又大力整頓，環境清幽，纖塵不染，仍列入今彰化縣八景。

虎山巖自古以來名播三台，故不乏騷人雅士的詩篇流轉，道光間會魁黃驤雲詩云：「虎巖最勝虎邱差，巖勢都緣竹勝花。肖鳳鳴聲開律祖，學龍吟調譜仙家。淇園春半風初到，

▲虎山巖環境清幽，被列爲彰化八景之一。

湘浦秋深月又斜。玉版參禪參未了，瓶笙入耳索僧茶。」陳書云：「虎岫居然象虎成，巖間多竹愜幽情。此君日與山君對，嘯谷風從嶰谷生。僧院時聞無俗韻，游人坐聽有清聲。白沙形勢誇雄踞，況復千竿戛玉鳴。」舉人曾作霖云：「虎山巖寺窅而深，半是香花半竹林。赤劇（原註：地名。按：即赤塗崎。）有君當不俗，白沙許我最知音。禪參玉版空塵慮，夢入瑤篸愜素心。老衲憐渠風韻好，常教作笛效龍吟。」生員陳玉衡云：「虎巖名勝本天開，誰種琅玕引我來。爲愛談禪參玉版，卻教送韻出花台。聲疑風雨秋將半，夢到瀟湘冷乍回。惟有山僧饒雅趣，伴君灑落絕塵埃。」

至於文德宮的來龍及勝概，據形家的說法，它是從八卦山脈發祖，至鳳梨坪山下大堀頭三叉路處過峽，束氣如帶，匯同大溪水沿堤而下西南，到現在廟的東側，溪水又轉

西盤曲，形成一月形的潭，至白沙坑橋處，則與李仔山溪、姑娘廟溪形成所謂的「三溪環穴」、「六案朝堂」，論者以爲此乃靈氣所鍾的格局，與〈彰化縣志〉所載「主人材蔚起之象」相符，無怪乎會地靈人傑了。

結語

從上文的敍述，文德宮崇祀的當境老爺，原是普通的地祇信仰，但卻受到開台翰林曾維楨捷步青雲的影響，而身價大增，乃有朝廷敕封「與翰林同格」的說法，神輿出入，以「欽點翰林院」、「賜進士出身」等執事牌開道，實爲台灣極爲罕見的例子。

曾翰林之後，各種傳說更繪聲繪影的在民間流傳，其中當然免不了以訛傳訛，如先有曾氏「幼失怙恃」的謬說，而後有旨賜迎花燈以娛伯父母的結果，雖本文已考證其非，但民間根深蒂固的觀念，恐怕也不是一朝一夕所能改變，何況知恩報本的孝道故事，任何人都是容易接受的，那麼只好抱著「姑妄言之，姑妄聽之」的態度了。

廟貌巍峨的文德宮，至今仍爲全台各土地祠之冠，名流題贈匾聯甚多。匾額計有當年省府主席陳大慶「文德流芳」、國大代表呂世明「金馬玉堂」、彰化縣長陳時英「翰苑福疆」、彰化縣議長黃文堯「啓文賜福」、彰化市長王山「文光載德」……。對聯則多與傳說有關，爰錄數聯於后，大門云：「文神顯赫，同著開台翰苑格；德像尊嚴，遍揚當境老爺風。」東門云：「長堤盤九曲，煥發千章廟景；沙石映三星，輝煌萬里神光。」西門云：「白髮青雲，欽點翰林庶吉士；沙坑孝道，恩綸元夜放花燈。」拔萃路云：「拔唐虞之聖，遺編追蹤虎觀；萃夷齊之賢，來學載質龍門。」華燈門云：「花燭輝煌，點綴鳳麟登甲地；燈光炫耀，調和禮樂獻文章。」

5／悲劇英雄今已矣

——「平海大將軍」崇祀探源

王芬在台灣先民開拓史上，是非常突出的人物，曾受林爽文封爲「平海大將軍」。但二百多年來，事蹟湮沒不彰，甚至於穿鑿附會，大失本來面目，筆者爰循歷史軌跡，以期名正言順。

明末崇禎十七年（西元一六四四年）滿清入關，據有北京，南明諸王的抗戰，結束於永曆十五年（西元一六六一年）。十二年後（清康熙十三年，西元一六七三年），反清復明組織「以萬爲姓」集團（按：由張要、郭義、蔡祿……等人結盟，以萬人合心，故「以萬爲姓」，成員皆依排行，稱萬大、萬二、萬三……。今可考者有四：萬大即張要，義名萬禮，萬二即郭義，義名萬義，萬五即後來的達宗和尚，俗姓張，萬七即蔡祿，義名萬祿。）的殘餘份子——長林寺僧達宗和尚（萬五）、蔡祿（萬七）的部下，在福建雲霄一帶

組天地會（按：達宗和尚即天地會文件〈貴縣修志局本〉所稱：「始祖萬雲龍，字達宗，為長林寺僧。」）化明為暗，繼續其抗清活動。乾隆末年，台灣林爽文起兵失敗後，雖被清廷嚴禁，但仍以洪門、三合會、小刀會、八卦會等名目，愈加發展，有清一代，台灣的民變事件，多出自他們的策劃，如乾隆六十年（西元一七九五年）陳周全、同治元年（西元一九六二年）戴萬生等案均是，前仆後繼，使得清廷窮於應付。

因起事失敗而犧牲的志士，會黨往往設位秘密的奉祀，如同治元年起事的戴萬生，當他結八卦會時，便在會場奉祀朱一貴、林爽文，稱為先賢，事載林豪《東瀛紀事》、吳德功《戴案紀略》。又今台中四張犂，戴萬生的故里，也有人設「戴恩公神位」來祭拜他。此外，台地目前還保存著三座鮮為人知的廟宇，都是奉祀清代各民變事件起事者，一為

▲竹山「紅旗公廟」。

南投縣竹山鎮近郊的「紅旗公廟」（初稱紅義堂，後改爲聖義堂。）祀同治四年（西元一八六五年）九月九日攻林圮埔街被「當場格斃」的張阿乖等人（詳見民國六十八年七月十七、十八日台灣副刊拙稿〈手執步槍的神像〉）。一爲台中縣沙鹿鎮福興里鎮南路福嘉巷的「福興宮」，一爲彰化縣鹿港鎮復興路，土名崙仔頂，即鹿港區漁會右側、第二公墓旁的「福靈宮」，二宮所奉祀的主神，都是林爽文事件中主角之一——「平海大將軍」王芬，爲清代所謂的「亂黨」，眞堪與竹山鎮的「紅旗公廟」媲美；對於激勵民族精神具有特殊的意義。爰從父老傳說與文獻史料，略加探討王芬的忠烈事蹟，俾能闡微揚幽，並就教於讀者。

早年在沙鹿方面，一般人都稱王芬爲「王勳大哥」，而鹿港方面則稱爲「王溫大哥」或「王恩大哥」，儘管這些稱呼各異，但閩南語音大致相同。近些年來，王芬的事蹟漸爲信徒所熟知，基於敬神的心理，改稱「福興公」或「王芬公」的，也大有人在。

關於王芬的民間傳說，神岡鄉友人陳炎正兄在民國五十一年（西元一九六二年）間，寓居大肚山頂時，曾歷訪耆宿，撰有《北勢頭王勳大哥軼聞》（以下簡稱《軼聞》），另外鹿港福靈宮也油印有丁正雄先生撰的《民族英雄王芬傳略》二種（以下簡稱《傳略甲》、《傳略乙》）。這三篇文字，除了敍述林爽文抗清情形，曾參考文獻資料外，其他大致就民間的傳說，稍作潤色而成，雖以訛傳訛，不盡符合史實，不妨先節錄於後，以供參考。

紛紜的民間傳說

《軼聞》云：「王勳，原籍泉州，其先世來台，定居大肚山麓；乾隆間生於蔴園車埔，遂爲蔴園人。勳生而魁偉，身高七尺，頭大如斗、臂力驚人，能揮百二十斤大刀，

▲奉祀王芬的「福靈宮」。

少而好武術，有燕趙風。洎乎乾隆四十八年，大里杙莊人林爽文組天地會，遂入盟。蔴園爲泉人聚落，有事救援多倚重，於是聲名遠播台灣中部。昔日土匪迭起，惟蔴園一帶，賴之安堵。疏財仗義，閭閻稱頌，僉呼爲『大哥』也。五十一年冬，會黨陷彰化，殺知府孫景燧，文武俱沒，衆擁爽文爲盟主，遵故明，建元順天，以勳爲『平海大將軍』。越明年，福康安視師海上，會黨日蹙，爽文敗走內山被執，勳亦苦戰寓鰲虎頭山（在今台中縣清水鎮下湳里），惟見大勢已去，仰天浩歎：『天不從我！』遂遇害。初，清兵慮其力大難押解，馘首去，清廷愛其勇，首級歸葬於鹿港。相傳大肚山巓入夜常見磷火，如操兵演練，莊人以爲精靈所致也。同治甲戌，爰醵金建『王勳千歲廟』，額曰：『福興宮』，里人亦稱『福興公』，至今香火不替。先是勳事父至孝，子歿父無依，死後亦葬於陂頭，春秋祭焉。」

《傳略甲》云：「王芬字溫，原籍福建泉州，幼隨父王福來台，少時體格魁偉，頭大如斗，身高七尺，臂力超人，能揮百二十斤大刀，兼之學問廣博，待人誠懇，抱『排除外患，復興民族，志篤忠義，行尙任俠』爲職志。乾隆五十一年，……乃密結天地會，以求恢復明室，伸張民族大義，建朔『順天』，芬受委爲平海大將軍，高舉反清復明之旗幟，即夜進軍，攻下清軍營盤諸羅、彰化等縣城，軍威大震。繼率大軍進迫府城，戰況激烈，府城臨危將陷，不料，翌年十月，清廷調派福康安統領清兵十萬渡台救援。……由福康安親自率領，以猛攻彰化，芬聞之，即放棄圍攻府城，率兵二百，日行夜趕，馳彰赴援，在彰化南門口會遇清兵，展開大戰，血戰至夕，積屍遍野，清兵死且數倍之，後遭福康安乘夜分兵兩路進擊，因而陷於衆寡懸殊，惡劣形勢之下，終於敗退至牛罵頭虎頭山麓，又遭圍困，清廷悉芬爲人忠義，即以書招之，芬以誓滅清朝，拒降，引起福康安大怒之下，包圍夾擊，芬不能支，又重傷，見大勢已去，仰天長嘆曰：『恨無能驅逐清廷，恢復明室，今兵力被潰，一敗塗地，有何臉面貪存於世？』自刎。清兵斬芬首級送京報功，事有違清廷旨意，反將主使之將軍治罪，並將首級發還鹿港，鄉人崇其忠義，將首級埋於崙仔頂墓地，立祠廟崇祀之。」

《傳略乙》云：「王芬，爲天地會志士，……父王福攜眷自福建泉州來台，當時彰化縣漳、泉人分類大械鬥，王芬才二十餘歲，因精通武術，待人誠懇，急公好義。……鹿港盡屬泉人，故王芬常來鹿港助泉人，保護八郊，是故鹿港未陷。殆乾隆五十二年元月十七日，被奸民檢舉，清兵大舉發動兵馬圍捕，王芬拚命抵抗，但終於在牛罵頭觀音廟

北虎頭山麓，眼見大勢已去，對天大聲說：『天不從我！』而將所持百二十斤之大刀擲棄，就此輕輕一擲，傷死二名清兵，而自願被捕，清廷本要活捉王芬送京，奈因王芬力大無比，恐難如意，於是就押解至鹿港，就地偉大成仁，將其頭送京報功，然……有違原意，反將主使之將軍治罪，並將首級發還鹿港，鹿港人士因感其英烈，且有恩於鹿港，故將其首級葬於鹿港崙仔頂，在其墓地建廟，皆稱『王芬大哥廟』。」

▲「反清義士」王芬的神像。

從史料看王芬的生平

傳說終歸傳說，雖繪聲繪影，其實有些地方根本錯得離譜（詳見下節），並不能完全相信，茲依目前可考的史料，來看王芬的眞象。

乾隆五十一年（西元一七八六年）十月二十七夜，彰化縣大里杙莊（今台中縣大里鄉）人林爽文（原籍漳州平和）起事，率領天地會黨襲擊大墩（今台中市），殺北路營副將赫昇額，中軍游擊耿世文，彰化縣知縣俞峻，以及千把總、兵丁等數百人。二十九日，即攻陷彰化縣城，殺台灣府知府孫景燧、理番同知長庚、攝理彰化縣知縣劉亨基、

都司王宗武、署典史馮啓宗等文武官員數十人。十二月初一日，黨衆擁林爽文爲盟主，遵故明，建元「順天」，以原來的彰化縣署爲「盟主府」，胥吏劉懷清爲「彰化縣知縣」，劉士賢爲「北路海防廳同知」，王作爲「征北大元帥」，王芬爲「平海大將軍」，陳泮、何有志爲「左右都督」，董喜、陳奉先爲「軍師」，其餘授職各有差。

同年六日，黨衆南下攻陷諸羅，殺攝理知縣董啓埏、原署諸羅縣知縣唐鎰、典史鍾燕超、南投縣丞周大綸、羅漢門巡檢陳聖傳、署貓霧捒把巡檢渠永湜、左營遊擊李中揚等文武官員，從此震驚清廷，隨即調派各路兵將渡台救援。

這次的革命事件，固然以林爽文爲核心人物，而會黨當中，勢力足與他分庭抗禮的，惟有前述受封爲「平海大將軍」的王芬，據乾隆五十一年十二月二十七日，福建巡撫徐嗣曾的奏言：「十四日接據台灣鎭總兵柴大紀及該道永福移稟，內稱：『訪聞北路大里杙等莊，有奸民林爽文、王芬等結黨搶劫……。』」又次年的正月二十九日，清廷命軍機大臣傳諭閩浙總督李侍堯、兩湖總督常青，有云：「至林爽文、王芬二犯、係此案首惡渠魁，如經官兵生獲，著該督委妥幹員弁解京審辦。」另同年二月初七日，軍機大臣傳諭李侍堯、常青、黃仕簡、任承恩，也說：「務將賊首林爽文、王芬及此外有名頭目，擒拿解京，盡法懲治，不可任其逸入內山。」（見《欽定平定台灣紀略》，以下凡引用「奏言」、「上諭」均同）從這些當時的官方記錄來看，可知在舉事之初，就以林、王二人爲首，所以清廷會認爲他們二人是「此案首惡渠魁」。林爽文與清廷周旋前後三年之久，始被擒獲，事蹟膾炙人口，而王芬卻舉事後二個多月就爲奸民所乘，以致功敗垂成，殊堪浩歎！

王芬原籍福建泉州，住彰化縣大肚下保蔴園車埔莊（據不著撰人《平台紀事本末》）。按：即今台中縣沙鹿鎮福興里，該里往昔單稱「車埔」，若與今北勢、東勢等里，則統稱「北勢頭莊」，而合今之六路、晉江、埔子、三鹿等里，總稱「蔴園十二莊」，故道光《彰化縣志》〈封域志〉大肚上中下保條下列有「蔴園車埔」的莊名）。乾隆四十八年（西元一七八三年），有漳州人嚴烟，來台傳天地會，王芬與林爽文、劉升、陳泮及淡水的王作、林小文，諸羅縣的楊光勳、黃鍾、張烈、葉省、蔡福、鳳山縣的莊大田、莊大韭等均入會。王芬加入天地會，很有可能是經由林爽文的堂兄林泮從中介紹而與林爽文相識的。據乾隆五十二年（西元一七八七年）任承恩所奏，曾於二月初五日那天，由都司張奉廷等，在大肚山將一名騎馬會黨的馬匹打倒，鄉勇陳喜隆乘勢斬獲首級，同時並「擒獲手執紅旗賊目謝華一名、賊夥林芳一名」，供認：「俱是林泮上年七月內邀入會的，曾歷次攻城打仗。那被殺的，即是林泮（原註：林爽文堂兄），手下約有三、四百人，住在大肚街……。」林泮既是林爽文的堂兄，又住在大肚街，與王芬所住的蔴園車埔相近，那麼筆者的推測其可能性很大，惟缺乏確鑿的證據罷了。

王芬加入天地會後，本身也積極的在附近各莊招收黨羽，厚植抗清的實力。乾隆五十二年二月初五日，閩浙總督常青奏道：「又提訊盤獲匪犯陳樵，據供：籍隸漳浦，乾隆五十一年六月渡台，在彰化縣大肚地方宰豬營生，與林爽文會黨許溪熟識，許溪邀入天地會，陳樵應允。十二月初二日，該犯同郭盞、吳帶、陳榜（傍）、吳汴、李積、郭卻、阮擇、薛指、林倚、趙榮、林載生等共十二人，齊赴蔴園莊王芬家入會。」常青又於十

一日奏道：「又將拏獲之匪犯簡鳩、張文、朱開、劉實（即黃實）、林天球、林躭、鍾祥等七名應訊，鍾祥與逆首林爽文素相熟識，張文、朱開、劉實、林天球，並林躭之子林萬，均係林爽文、王芬糾邀入會。」據這二件奏言的資料，當時王芬在蔴園附近招集會黨，成績已斐然可觀，所以至今民間仍有「王芬大哥」的尊稱，即淵源於此（按：大哥爲天地會黨人對其領袖的尊稱，如〈貴縣修志局本〉發現的天地會文件云「後來五人走至長林寺借宿，僧長萬雲龍號慈光字達宗公盤問五人情由，五人告訴前情，後來拜萬雲龍爲大哥。」

到了乾隆五十一年十月二十七夜，林爽文率領天地會黨發難，王芬遂參與其事，據楊廷理《東瀛紀事》說：「（二十七日）夜，賊目陳泮、王芬、劉升、何有志等，從爽文攻陷大墩營。」緊接著，會黨又攻陷彰化縣城，王芬受林爽文封爲「平海大將軍」，他與會黨往來暨入會後的情形，則常青於乾隆五十二

▲台中沙鹿是王芬的故鄉。（劉還月攝）

年二月十九日奏云：「據蚶江通判陳惇等將拏獲匪犯陳傍（即陳榜）解送到泉，臣提犯研訊，緣劉志賢籍隸惠安，於乾隆三十年（西元一七六五年）來台，充當彰化縣兵房書辦，與林爽文、王芬曾經認識。陳傍原籍漳浦，乾隆四十六年（西元一七八一年）往台，在彰化縣大肚地方肩挑渡日，與在台居住之許溪同縣相熟；乾隆五十一年十一月間，許溪邀陳傍至王芬家，同入天地會，迨該縣兪峻會營查拏，林爽文起意抗拒，劫營攻城，陳傍俱係在場。至劉志賢，並非會內之人，當林爽文攻陷彰化，該犯躲避在家，被王芬拏住，因係泉民，在台充役年久，可以招集泉衆，令其入夥。」彰化攻陷後，又攻陷了諸羅縣城，乘勝進逼台灣府城，王芬幾乎無役不從，據台灣鎮總兵柴大紀於乾隆五十二年二月初四日奏云：「彰屬林爽文、王芬攻陷諸、彰二邑，恃衆分路來攻郡城，自本（正）月初九至十三，連日堵禦，殺退賊匪……。」惟此次府城之役的挫敗，王芬並未參加，奉命留守大里杙，不久就回蕪園而壯烈成仁。

王芬成仁與傳說的商榷

沙鹿福興宮暨鹿港福靈宮，據筆者所知，都是以農曆六月十四日爲主神王芬的誕辰，正月十七日，則爲王芬的忌日，這天通常都要舉行盛大的祭典。王芬生卒日期的由來，雖未見諸載籍，但係經故老口碑流傳迄今，所以它的眞實性頗高，誕辰部份，因無法找到相關的史料可供佐證，姑不具論。至於王芬的成仁日期，倒有一條線索可循，按乾隆五十一年十二月，閩浙總督常青聞警，馳往泉州，奏調各路兵將渡台救援，於是清廷派了福建水師提督黃仕簡、陸路提督任承恩、閩安副將徐鼎士、汀州鎮總兵普吉保等渡台。其中任承恩統兵二千餘人，由鹿港上岸，

彰化天公壇大聖王爭輝

▲彰化天公壇。

彰化城一如台南、鹿港，都以廟宇多而著名，市公所還有個全台最獨特的寺廟課編制，彰化廟宇，最值得一提的有兩座，一是代表泉州人的元清觀，祀奉玉皇大帝，因此俗稱天公壇。從前天公壇在每年正月初九天公生起至十五元宵止，都會在丹墀前的「兜池」放水，並放入錦鯉在那兒游，大殿及兩旁廊上都掛滿了古董字畫，供人參觀，非常熱鬧。天公壇規模宏敞，爲一精雕細琢的閩南式木造建築，極具建築藝術之美，日治時代末期，爲了開闢馬路，曾拆除天公壇一部份的後殿以及戲台，非常可惜，否則天公壇的規模還更爲可觀。

另一座代表漳州人的廟宇，則是開漳聖王廟「威惠宮」，俗稱「大聖王廟」，一般都簡稱爲「大聖王」。大聖王是彰化城內漳州人（祖籍）公建的，天公壇則是泉州人（祖籍）公建的。其中，天公壇先建，大聖王廟後建，由於漳、泉之間，有比較、爭勝的心理，所以都蓋的很漂亮。據說當初天公壇自誇是「皇宮起」，於是大聖王廟在建造時，就刻意要「五落起」，勝過天公壇。大聖王廟在構造上的確大過天公壇，不過以廟地而言，天公壇還是大了一些。

展開圍剿，並於翌年二月十三日上奏這段期間的情形，他說：「統領官兵於十二月十三日開行，因風雨阻滯，直至正月初四夜放洋，於初六日全抵鹿仔港。……延至十日始能全行上岸安營。……臣即於是日分派……以次會剿。……茲遊擊穆騰額於十二日至許厝蓁、上湳仔等莊……。十三日帶兵登山，行至半嶺，遇賊。……又遊擊海亮十三日進攻嵌頂……。又守備常萬雄十三日進攻北投莊。又連日，據各莊義民、兵役、社番人等，擒獻偽號將軍林里生，並賊夥高玉等十三名，並呈繳賊渠王芬首級一夥。……又王芬首級，訊之賊黨林里生等合認屬實，鋪戶居民無不稱快。臣將該犯並林里生首級一同梟示。其呈繳擒獻之各莊貢生張明義、生員張植槐、民人錢凌碧、邱景廠、蔡運世、施烜光、大肚社熟番通事烏肉典、岸里社熟番通事潘明茲、貢生潘士興、兵丁方得章、陳論、林世忠等，均行分別獎賞……。」由於這段奏言所敍，是按時間的先後依序排列，可知乾隆五十二年正月初十日至十三日，乃是官兵攻擊南北投各莊的情形，與本文無涉，而值得注意的是，任承恩把大肚方面呈繳王芬首級一事，敍於正月十三日之後，雖無肯定的日期，但卻以「又連日」表示之，根據一般的算法，大約要有三、四天的時間，才稱得上是「連日」，那麼王芬正月十七日成仁的說法，就更加可靠了。

其次，王芬究竟死於何處呢？這點我們可以從《平台紀事本末》書中找到答案，該書有云：「義民紀春、蔡運世等聞之，圍蔴園莊，殺王芬。」可知王芬是在大肚的蔴園莊遇害，所以任承恩奏言所列的「呈繳擒獻」有功人員名單，赫然有「大肚社熟番通事」等人，準此，那麼傳說中王芬死於牛罵頭虎頭山麓事，就不足憑信了。

王芬既死，清廷在消除革命武力，已去了一大障礙，但消息傳來，清廷卻抱著謹愼的態度，必須詳加覆驗，乃於二月十三日，由軍機大臣傳諭李侍堯、常青，謂：「至林爽文、王芬係此案首犯，今王芬雖已殲斃，其呈出之王芬首級，並著覆驗明確，查明係何人所殺？若此時不能詳加辨認，設將來又有王芬其人，尚復成何事體？該督不可不愼也。」次日，再度傳諭李侍堯、常青、黃仕簡、任承恩，謂：「至王芬一犯，據義民將首級呈繳，亦恐不足信，昨有旨著常青確查覆奏，若此時未經驗明確據，將來他處又有王芬其人，惟常青等是問！」經覆驗的結果，證實所呈繳的首級確是王芬無誤，同時也由北路理番同知黃嘉訓查出擒獲王芬的鄭岱、砍殺王芬的陳秀成等，閩浙總督常青據報後，乃於六月初三日覆奏清廷，他說：「再理番同知黃嘉訓將砍殺王芬之義民陳秀成及在場證見人等，同王芬首級解送前來。臣等詳訊陳秀成，供訊明確，且有擒獲王芬之鄭岱，及在場之蔡運世等，願具並無假冒甘結，反覆究詰，似無疑義。」

▲昔時漳、泉二籍常有分類大械鬥，鹿港即爲一例。（劉還月攝）

就以上史實而言，王芬係在蔴園的家中，

喪命於「義民」陳秀成之手，時在乾隆五十二年正月，而協辦大學士陝甘總督福康安統領侍衛巴圖魯一百二十餘員暨滿漢兵九千渡台，則在同年的十月底，與此事是風馬牛不相及的，但傳說卻異口同聲，認定王芬兵敗，被福康安圍困於今清水鎮的虎頭山麓，並製造了種種當時的「戰況」，筆者認爲《軼聞》、《傳略甲》、《傳略乙》三篇文字當中，這些與王芬相關的傳說，除了「身高七尺，頭大如斗，臂力驚人，能揮百二十斤大刀」無從稽考外，其他恐怕都是出自於虛構的（按：例如所謂福康安「統領清兵十萬渡台」，其實只有九千，既然王芬死在福康安渡台前，那麼他們之間的「戰況」，必然是虛構的）。地方人士卻受了傳說的影響，也一味的穿鑿附會，如今清水鎮人士，在虎頭山麓立石膜拜，用以紀念王芬的成仁，其用意固佳，惜不符史實，殊覺無謂！

漳泉關係與王芬

日人鈴木清一郎在所著的《台灣舊慣習俗信仰》中說：「大甲沙鹿庄北勢坑的福興宮，是祭祀『福興公』的廟宇。福興公是泉州人，本名叫王勳，漳、泉之戰時，奮勇擊退漳州人，而且爲人品德高尙，泉州人感念他的恩德，就捐資建廟供奉。」鈴木所採錄的，當是日治時期盛行於沙鹿一帶的傳說，王芬（王勳）竟被視爲「漳泉之戰」的英雄，眞是不可思議。其實林爽文起事之初，原就漳、泉不分，天地會黨中也是漳、泉兼容並蓄，這點我們可以從兩位主腦人物的籍貫看出，林爽文爲漳州籍，王芬爲泉州籍，何況王芬的手下，也有不少是漳州籍的，如陳樵、陳傍等均是。且當攻陷彰化縣城時，經王芬擒獲的泉籍縣署兵房書辦劉志賢，也基於「因係泉民，在台充役年久，可以招集泉衆」的理

由，命其加入天地會，足證林爽文的革命事件，原擬聯合漳泉二屬作爲後盾，但不幸的是，此一構想竟被清廷的分化政策徹底破壞。

雖然早在乾隆五十二年二月十三日清廷的「上諭」，就已經明白的指出「林爽文、王芬係此案首犯」，但對於王芬的籍貫絕口不提，相反的，一再強調「逆首林爽文係漳州人，其附從之徒，率皆籍隸漳屬」，以致後來各地所出現的「義民」，幾乎全是泉州籍的（少部份粵籍），當係受到清廷分化政策的影響有以致之。不但如此，就連林爽文被擒之後，即乾隆五十三年（西元一七八八年）二月初五日的「上諭」也說：「漳、泉兩處民人素不相睦，林爽文原籍漳州，而義民、鄉勇等籍隸泉州者居多，林爽文自係欲借此扳陷，以洩其忿。看來天地會名色，竟係漳州匪犯所倡，與泉州無涉。」同年三月初一日的「上諭」，更針對戍守台灣的漳、泉籍兵丁，作了一番調動，那就是「令籍隸泉州之兵，在漳州民人村莊一帶防守，其籍隸漳州之兵，即以防守泉州各莊，庶彼此糾察，可以防微杜漸。」清廷這種坐收漁利的漳、泉相制措施，的確發揮了極大的效果，也替清廷解決不少難題，如往後陳周全、戴萬生等天地會黨的革命事件，莫不如法炮製。

不但沙鹿方面認爲王芬是漳、泉之戰的英雄，鹿港方面也有類似的說法，如前引《傳略乙》所說：「當時彰化縣漳、泉分類大械鬥……。鹿港盡屬泉人，故王芬常來鹿港助泉人。」爲什麼會有這種說法的產生呢？筆者認爲最主要的原因，當時建廟之初，爲了避開清朝官吏的耳目，在不得已的情形之下，將王芬易名（沙鹿作王勳，鹿港作王溫或王恩），同時，也塑造成漳、泉之戰的英雄，這種作法，與清初民間奉祀延平郡王鄭成

功，僞託開山王的故事如出一轍。可惜的是，經過輾轉流傳之後，王芬的眞實事蹟，遂被人們所淡忘，取而代之的，竟是毫不相干的「神話」，王芬有知，當感啼笑皆非。

▲路邊常見的有應公，也有祭祀戰亂中犧牲的無主英雄。

此外，林爽文故居大里杙方面，目前尙流傳著一句「林笑拌，王芬死不願」（意思是說因爲林笑的從中挑撥，使王芬死得不甘心），據說林爽文與王芬在舉事之前，兩人曾當天立了誓，先由林爽文誓曰：「如有異心，願死全家」，那知林爽文有位叔叔叫「林笑」的聽了，卻告訴王芬「全」與「泉」同音，於是王芬大怒，也不甘示弱，誓曰：「如有異心，將（漳）家滅亡」，自是原本極爲圓滿的漳、泉合作，經林笑從中攪拌，開始有了裂痕，終於造成不可彌補的錯誤。按林爽文確是有位叔叔，但名爲林清，見乾隆五十二年二月十一日，閩浙總督常青奏言：「首犯林爽文在鹽埕被砲打傷，逃去醫治，伊叔林清招匪復圖攻擊」，不知是否同爲一人。

此一傳說，與連橫《雅言》所載，頗有異曲同工之妙，茲錄如次：「台灣爲漳、泉人雜居之地，平時集會，每相戲謔，以資談笑。

某莊有廟祀神，衆人以一豬一羊爲牲。漳州人見而呼曰：『全豬全羊，眞是熱鬧！』蓋全與泉同音也，泉人以爲侮己，顧其徒曰：『將羊移過來，將豬移過去。』則將又與漳同音也，一摔一鬮，機鋒相對，眞是妙語解頤。」關於「林笑拌，王芬死不願」的傳說，似非空穴來風，可從早期的文獻記載得到印證，據《平台紀事本末》云：「（乾隆五十二年正月）壬午（十三日），林爽文自府城回大里杙。林爽文聞大兵四集，先與其衆謀固巢穴。……賊目王芬，泉州人，守蔴園。林爽文南下，令守巢穴。既聞泉州義民盛，心猜疑，不自安，私回蔴園。義民紀春、蔡運世等聞之，圍蔴園莊，殺王芬。林爽文既歸，於是齊集首目，再號令曰：『自今以後，各兄弟生同樂，死同歸，有異心，天罰殛之！』」據此記載，可見林爽文是何等的信賴王芬，當他南下攻略府城，乃派王芬「留守巢穴」（按：指天地會黨的大本營大里杙莊），在王芬留守大里杙這段期間，因各地的泉籍「義民」蜂起，致身爲泉籍的王芬，也受到林爽文族人的排擠，結果「心猜疑，不自安，私回蔴園」，而被「義民」擒斬，等林爽文回大里杙之後，知道了這種情形，乃立刻召集頭目，再重申「自今以後，各兄弟生同樂，死同歸，有異心，天罰殛之」的誓約，無怪乎今日的大里杙，尚流傳著「林笑拌，王芬死不願」的俗諺，似替王芬作不平之鳴！

福興宮與福靈宮

沙鹿福興宮的名稱，於林衡道《台灣寺廟大全》曾予著錄，同時也提到所奉祀的主神「福興公」即爲「王勳」，但創建年代作「乾隆二十五年（西元一七六〇年）」，那麼與王芬的成仁時間，就對不上了，此處或許是乾隆五十二年的筆誤，不過，資料中顯然不知

福興宮、福靈宮位置圖

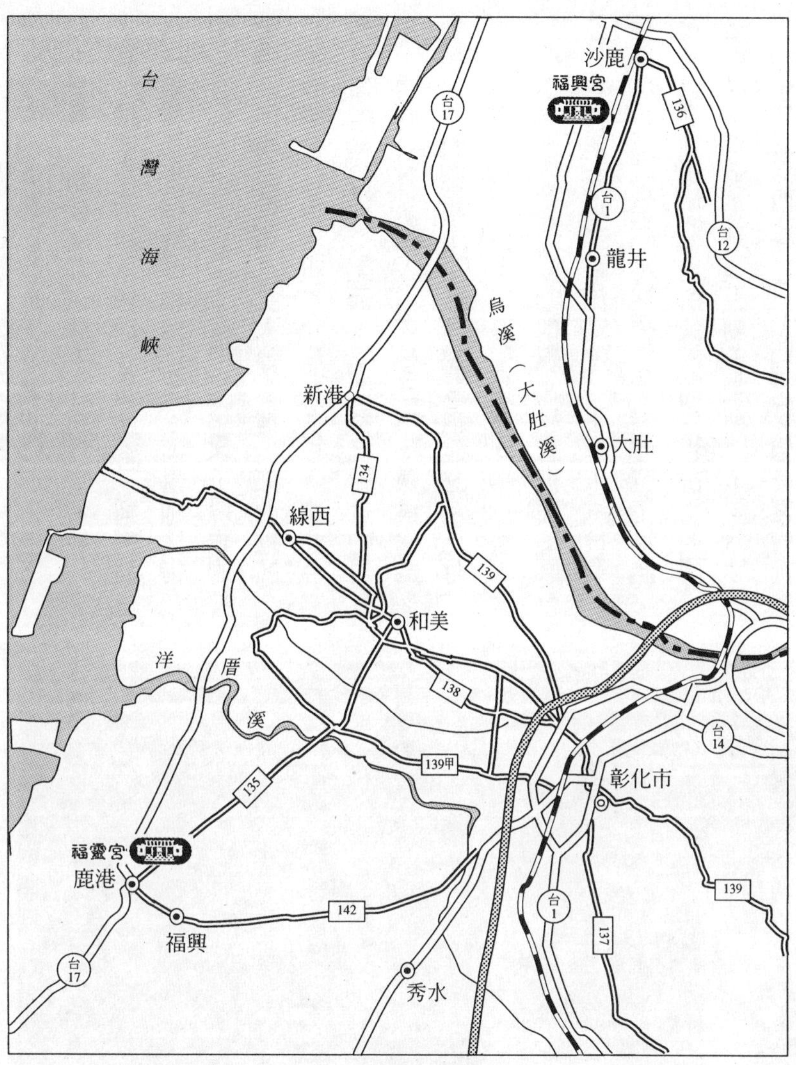
台灣海峽
沙鹿
福興宮
台17
136
台1
台12
龍井
烏溪（大肚溪）
新港
大肚
134
線西
139
和美
洋
厝
溪
138
台14
139甲
彰化市
135
福靈宮
鹿港
139
142
福興
台1
137
台17
秀水

道所謂的「王勳」，就是天地會的抗清志士王芬。另外，劉枝萬《台灣省寺廟教堂名稱、主神、地址調查表》，也列有福興宮，稱主神爲「福興公」，但備考欄卻註云：「主神係指明末渡台之王勳者」，恐怕也是受了傳說的影響，而將錯就錯。日人鈴木清一郎則以該宮建於咸豐五年（西元一八五五年），據《台灣舊慣習俗信仰》記云：「北勢坑附近的居民，當時只有泉州人，咸豐五年，陳溪水爲發起人，向蕨園十二莊居民募捐建立。正月十七日爲祭日，由十二莊信徒共同舉行盛大祭典，可是後來逐漸衰弱，現在只有車埔（原註：本宮所在地）輪流點燈，正月十六日舉行祭典，也就是和鄭成功的祭典同時舉行。」除了這二種說法，前引《軼聞》也說：「同治甲戌，爰醵金建『王勳千歲廟』」，同治甲戌即十三年（西元一八七四年）。福興宮的創建年代，說法不一，筆者認爲當緣起於乾隆

▲沙鹿的福興宮。

五十二年，王芬遇害後，莊人將遺體安葬，爲了感念他的恩德，乃在同時因陋就簡的蓋了小廟，祀以香火（竹山「紅旗公廟」未改建前亦然，形狀頗類似田頭田尾的土地祠），直到咸豐五年，經陳溪水發起重建，同治十三年再度修建，而奠定今日該宮的基礎。

至於鹿港福靈宮，其建廟的情形，也和福興宮大同小異，乾隆五十二年，王芬遇害，清廷爲了愼重起見，下令閩浙總督常青覆查，因此北路理番同知黃嘉訓乃將前「義民」呈繳的王芬首級，連同砍殺王芬的陳秀成及在場的人證解往泉州，由常青訊問、驗勘，不久證實所呈繳的首級無誤，隨即發還彰化，時間可能在乾隆五十三年，因原來駐彰化縣城內南街的北路理番同知，已奉命改爲「北路理番鹿仔港海防捕盜同知」，廳署移駐鹿港，所以王芬首級發還到廳，有心人乃就近葬在鹿港崙仔頂，後來又建築廟宇，雕刻神像，從此香火不斷，代有修葺。民國五十九年（西元一九七〇年），鹿港人士發起重建，駐鹿港的國軍部隊獲悉，因感於王芬的壯烈成仁，而不辭辛勞的協助拆除舊廟，整頓四周環境，終使廟貌煥然一新，也平添了一段軍愛民的佳話。

在重建期間，並掘出了乾隆間埋葬的王芬首級，收殮首級的木質「頭桶」（俗稱），已完全腐蝕無存，頭骨及覆蓋桶面的紅磚二塊尙稱完好，磚約一尺見方，上面都繪有符錄與書寫文字，殊墨各一，從這裏可以想見埋葬時的隆重程度。因年代久遠，磚面已感模糊，硃筆方磚，由於磚是朱紅色的緣故，所以僅隱隱約約能辨識符錄。墨書方磚，正中央畫一大形的符錄，兩旁各有行書五字，由於挖掘時不愼，上端破裂，若干字無法辨識，右爲「□□作證見」，左爲「□□□證盟」，意義不明，可能是天地會中的隱語。福靈宮

重建竣工後，曾組團前往沙鹿的福興宮進香，據說藉著神靈的指示，而找到了王芬的墳墓，掘出古物若干，計乾隆通寶四十一枚、瓷碗一件、福壽杯一件、酒杯一件、鼻煙壺一件、大明宣德爐一件，現與前述的二件方磚，均保存於福靈宮內。

▲蓋於王芬「頭桶」上的兩塊磚，現收存於鹿港福靈宮內。

結語

林爽文事件發生之後，由於受到清廷分化政策的影響，幫助官軍的「義民」多屬泉人。王芬以泉籍而參與抗清，既受到漳人的排斥，也不能見容於泉人，終於喪命於泉人之手。但不可解的是，卻在泉人聚落的沙鹿、鹿港，建立廟宇來崇祀他，因此王芬在台灣的先民開拓史上，是位非常突出的人物。可惜二百多年來，事蹟湮沒不彰，甚至於穿鑿附會，大失本來面目，筆者有感於此，爰循著歷史的軌跡，而追溯到事實的源頭，揭開了「王勳」、「王恩」等民間神祇的眞象，名正言順，水落石出，這畢竟是一個業餘文史工作者最感欣慰的。

第三章／民間藝文相爭鳴

1／南投第一窯

——竹山鎮的百年「硘磘」

「南投窯」創於清嘉慶元年（西元一七九六年），乃指當時生產「南投燒」的牛轀轆窯，迄今正好二百年。若追溯南投燒陶的歷史源起實不止此。竹山鎮硘磘里，據地方耆老所言於清雍正年間即有窯場，故論起「硘磘」才足堪稱「南投第一窯」。

在塑膠製品還未普遍使用的年代，陶土燒製的器具，陪伴著先民走過漫長的歲月，也爲當年儉樸的奮鬥過程，留下可資回味的痕跡。

民國八十四年（西元一九九五年）十二月，是「南投陶」的第二百週年，南投縣立文化中心特舉辦了一項別開生面的特展，將整個南投陶的發展以及邁向現代陶之歷程，透過靜態陳列、動態表演，呈現在觀衆眼前。由於南投陶二百年特展，再經過媒體推波助瀾，往往給觀衆產生錯覺，認爲南投縣境內的製陶歷史只有二百年，而把漢人入墾南投

縣境之後的第一窯「硘磘」給忽略了。

如追溯南投縣境製陶歷史，創設於雍正年間的竹山鎮「硘磘」（按：「硘」，爲陶的俗稱、俗寫，「磘」，爲窯的俗寫），才足堪稱之爲「南投第一窯」。

▲南投陶的現代藝術作品。

雍正年間設窯

「硘磘」窯址所在，即今竹山鎮硘磘里，因當地以製陶聞名，自古以來，就以「硘磘」作爲地名。道光十一年（西元一八三一年）成書的《彰化縣志》，在〈規制志〉「沙連保」條下，列有「磁磘厝」地名，所指就是現在的硘磘里。按台灣民間對於陶瓷器的俗稱，習慣上雖多使用字書所無的「硘」字，但在較早的年代，因是有音無字，故在書寫上都以「瓷」字或「磁」字代用，後來纔創造「硘」字，沿用至今。「硘」字出現的時間，已無從查考，目前所知，光緒二十年（西元一八九四年）成書的《雲林縣采訪冊》「沙連堡」所列「硘磘莊」，可能是清代僅見的「硘磘」文獻，其實「磁磘厝」與「硘磘莊」，名稱雖然稍異，而指的是同一個地方，卻毫無疑義。

「硘磘」製陶歷史，不見於任何清代官方

文獻或私家筆記，只憑道光年間出現的地名及若干耆老傳說，就認爲它的設窯年代遠在嘉慶元年（西元一七九六年）之前，證據仍嫌薄弱。筆者爲土生土長的硘磘人，從長輩口中得知，硘磘製陶技術，是由本莊廖姓傳入，爲解決硘磘設窯的年代問題，乃試由廖姓方面所存資料著手。年湮代遠，有關的帳簿紀錄，早已灰飛煙滅，談何容易，族譜資料，是僅存的一線希望。

因此，開始與當時硘磘里長廖國揚兄談到族譜問題，據表示族譜中對於製陶的記載，非常簡略。後來，承廖國揚兄提供族譜影本，終使硘磘設窯年代問題迎刃而解，根據族譜序文所述，廖姓原籍福建汀州府永定縣大洲鄉，雍正年間，有廖科應、廖鳳應、廖連應三兄弟奉母渡台，其中老二廖鳳應往台灣府城方面發展，後來不知下落。老大廖科應、老三廖連應則「直抵彰化縣沙連保寓焉」，同

淺談「南投燒」

事實上，「南投陶」爲日治時代「南投燒」的延續，而「南投燒」是當時南投廳所刻意發展的地方產業，由於自清代以來，南投牛轀轆的窯業，就已奠定深厚基礎，再予發揚光大，成爲名馳遐邇的「南投燒」。據昭和九年（西元一九三四年）五月二十日《台灣新聞》報導，「南投窯」創設於清代嘉慶元年（西元一七九六年），這項調查資料或許無誤。

到了道光元年（西元一八二一年），分設頭、中、尾三窯，開始試製，三十年後，即咸豐年間，窯業大盛。西元一八九八年（日明治三十一年）南投辦務署長矢野武平，復加以開發、改良。西元一九〇一年（日明治三十四年），南投廳長小栁重道續加努力，總督府年撥一千五元予以補助，並自日本聘請技師龜岡安太郎至此，設立技術養成所，又加研究改良，一時「南投燒」之名遠播各地。後來由於技工離開，業務中斷，西元一九二七年（昭和二年）三月四日，同業六家，爲避免價格競爭

時也將原鄉的製陶技術帶了進來，關於這點，族譜僅寥寥數語記道：「溯夫考之創垂，忠孝開基，以陶爲業，有長者風，當林逆亂時，大兵戾止，衆弁憫考誠實，沽酒得貲，頗成家計。」

文中所謂的「考」，固然是指廖連應，但根據族譜資料來看，廖科應卒於渡台大約五十年後的乾隆四十五年（西元一七八〇年）庚子，且「葬在本處員山仔」（按：員山仔，即今硘磘公共墓地），那麼渡台之初的「以陶爲業」，似乎是由兄弟兩人共同合作，後因廖科應無娶而終，纔由廖連應獨力經營。

其次，就這段記載而言，廖氏設窯之初，業績可能不是很理想，一直到「林逆亂時」，因「大兵戾止」之故，纔時來運轉，發了一筆戰爭財。按所謂「林逆亂時，大兵戾止」，指的就是乾隆五十二年(西元一七八七年)，福康安率領大兵進駐今竹山地區圍堵林爽文史事。據文獻記載，這年十二月，林爽文由集集埔敗退，進入小半天（今鹿谷鄉竹林

而製造統一產品，成立「南投陶器同業組合會」，經南投郡守村田三郎指定劉樹枝爲「組合長」，是爲南投窯的黃金時期。

但要注意的是資料中所謂「南投」，乃指當時生產「南投燒」的牛軛轆窯而已，即使加以廣義解釋，也只能泛指當時「南投郡管內」（相當於今南投市、草屯鎮、名間鄉、中寮鄉）而言，並不包括今竹山鎮在內，故一般所稱「南投陶二百年」，指的僅是「南投燒」這一部份，而非南投全縣。

村），福康安乃採取圍剿的戰略，令普爾普駐科仔坑、普吉保駐科仔坑口、琢靈阿駐林圯埔、葉有光駐藤湖口、謝廷選、李自昌、陳大恩駐流藤坪、舒亮駐龜仔頭、格綳額駐清水溝，他本人的大營則設在東埔臘。不久，小半天被清軍攻破，林爽文北走，清軍又回防，駐地大多不變，僅琢靈阿由林圯埔改駐集集埔、葉有光移駐盧厝莊等些微的異動。

福康安大軍駐紮沙連保一帶，與廖家窯業發跡之間的關係如何呢？此由廖氏族譜所載「衆弁慣考誠實，沽酒得貲，頗成家計。」便不難略窺端倪，蓋大兵所至，酒類是軍中不可或缺的補給品，尤其是十二月隆冬，爲了「沽酒」，就必須使用大量陶甕，才足夠供應各地駐軍所需。上述駐軍地點，大多數都在今竹山、鹿谷一帶，特別是科仔坑、林圯埔等處，與碙磘全都近在咫尺，當然廖家得此地緣之便，成爲福康安大兵陶甕的唯一供應商，於是乎順理成章就「頗成家計」了。除了陶甕之外，由族譜所謂「沽酒得貲」加以玩味，當時廖家可能還接受清軍委託，負責代辦酒類供應，不只單純出售陶甕而已。

盛極而衰不堪回首

製陶技術，因係廖姓傳入，因此後來雖曾分爲數窯，但業主均爲廖姓。當時設窯的地點，據家父林江水先生回憶，在其幼年時窯址尚在，計有四處，一在莊內稱爲「後角仔」的地方，此窯約於二次世界大戰後改建菸寮。另外三處，俱在「大片田」，約當今「番仔井」至「紅旗公廟」之間的廖姓田地上，早年是一片廢墟，二次世界大戰後地主才將之開墾爲良田，目前已無任何遺蹟可尋。

至於「碙磘」歇業的確切時間，已難查考，據先祖父春火公生前口碑，在他懂事時，就已不生產陶器了。按先祖父爲西元一八九九

年（日明治三十二年）生，「懂事時」的年齡，如以十歲計之，則最晚在西元一九〇八年（日

明治三十二年）以前，硘磘就告關門大吉了。

硘磘所生產的陶器，主要有大大小小的缸、甕及土墧磚（形如土墧的大磚）、一尺見方的油面磚、寸仔磚、紅色陶瓦等多種。而以前家中常使用的大米缸及豬油甕，以及一些散棄在屋後的大甕、土墧磚、油面磚、寸仔磚、陶瓦、無一不是本莊硘磘出品的。

由於先祖典公（同治十二年、一八七三年生）在清末曾一度受僱於硘磘，從事製陶工作，因此家中仍保存有二件當時的製陶工具，一是約有水缸面大的圓形檜木板，一是在手拉胚時控制厚薄的陶器，此器有一把手，另一端爲平面，約有碗面大，據說工作時即將陶胚放置木板上，木板下的工作枱可旋轉，以脚推之使旋轉，然後持該陶器控制厚度，此二者目前都由筆者收藏，爲硘磘發展史上少見的遺物。

竹山鎭有座名列台灣十大古厝之一的「敦

▲「硘磘」所燒製的磚瓦，仍可在今竹山的古厝中見之，證明當時技術水準不錯。

本堂」，約建於日治初期，據現屋主林建勳老先生口碑，當年建造大厝時，石材主要來自清水溪中，木材則取自杉林溪底，大小紅磚（包括土埆磚、寸仔磚、油面磚、六角磚……）都包給硘磘燒製，整整燒了三年才完成，目前敦本堂內，舉目所見紅磚，都是硘磘燒製，爲硘磘最具代表性的產品。

「硘磘籬笆」走入歷史

硘磘燒製過程，難免會產生一些不良品或破碎廢品，當時的莊人也頗具巧思，加以廢物利用，以之砌成圍牆，這些圍牆因沒有石灰漿附著，只要往上一攀，就會唏哩嘩啦倒下來，於是便有人將它稱爲「硘磘籬笆」。

硘磘莊人自古以來就以民風強悍著稱，外莊人不敢招惹，於是有人就根據「硘磘籬笆」的特性，再衍生一句歇後語說：「硘磘籬笆——未（台語讀如麥）扳哩」，這句話一語雙關，也就是說砢磘莊人有如他們的陶牆惹不起之意，家父表示，這種「硘磘籬笆」，早年在莊內的巷道隨處可見，約有一人高，戰後聽說都給南部鹽場買去，移作他用。拆除後的「硘磘籬笆」，改以水泥、卵石砌成約半人高的圍牆，環繞廖姓聚落。殘存的「硘磘籬

▲台灣十大古厝的「竹山敦本堂」一磚一瓦皆出於硘磘。

笆」，記得以前廖姓公廳前仍有一些，我小時還見過，一、二十年前的社區建設，大興土木，從「砌磘籬笆」連根拔起，一律改建爲現代化的磚牆，年輕一輩可能就聞所未聞了。

尚俟更多史料出土

近年來，台灣本土意識日漸復甦，許多過去被淡忘的事物，再度被炒熱，「南投陶」是其中項目之一，二百年的艱辛歲月，一路走來不易，但終究還能昂首闊步，邁向現代化的藝術之路，而南投第一窯——砌磘，幾乎已從人們共同的記憶中消失。過去，筆者爲了保存鄉土歷史，曾嘗試藉由有限的資料，企圖勾勒砌磘歷史的輪廓，寫成〈砌磘談往〉，附存拙集，苦於資料蒐羅不易，仍存在若干盲點與疏誤。

廖氏族譜資料的發現，彌補了不少缺憾，因就舊稿再潤飾成篇，可惜當年許多原始史料，已散如雲煙，也許將來仍有「出土」的機會，暫且拭目以待！

▲以廢陶堆砌而成的「砌磘籬笆」。

2／筆墨與刀劍齊舞

——流寓南投的彰化畫家林寶鏞

林寶鏞畫的白菜貓，
無不充滿祥和之氣及鄉土之美，
而他的像貌更是溫文儒雅，
但追溯其生平事蹟，
又會因其叱咤風雲的軍功而訝異。

南投僻處山區，清代的開發，較諸台灣南北部各大都邑爲晚，不僅科舉人物少得可憐，當然藝術人口更是寥寥可數，因此，喜歡收藏、賞玩畫畫的朋友，對林寶鏞的白菜貓當不陌生，由於其畫作的流傳，而使幾乎一片空白的清末民初南投畫壇，平添了一項異數。

林寶鏞不但能書能畫，甚至能詩，詩書畫兼擅，雖然還不能稱得上是三絕，但在當時，就已經是難能可貴了。

林寶鏞畫的白菜貓，無不充滿祥和之氣及鄉土之美，而他的像貌更是溫文儒雅，但追

▲林寶鏞畫像。

溯其生平事蹟，往往會受其投筆從戎、叱咤風雲的軍功而訝異。林寶鏞事蹟，文獻上著墨無多，較為完整的小傳，可以早期的《現代詩選》為代表，此後若干介紹台灣先賢書畫的刊物，也都輾轉沿用，從這些小傳，僅能對林寶鏞有一膚廓的認識，知他字克弘，號笙齋，光緒十一年（西元一八八五年），曾從棟軍統領林朝棟平法。光緒十四年（西元一八八八年），復從平定彰化施九緞之變，獲賞戴藍翎，以知縣補用。除此之外，對於他的家世及詳細事蹟，仍是一片空白，頗值得重視與發掘。

造訪其子得史料

筆者與林承郁先生相識許久，承他的知愛，南陔詩社每舉辦大型的詩會，也曾忝任幹事之職，幫忙雜務，有此機緣，兼屬同宗，因此常利用碰面的機會，請他提供一些資料。但因他久客台北，行蹤飄忽不定，頗有「人生不相見，動如參與商」之感，為此索取資料的事也就擱置下來。直到民國八十年（西元一九九一

年）春，在桃園蘆竹鄉德林寺的詩會上，筆者再度舊事重提，即承林承郁慨允，幾經聯繫，終於得見《厚澤敦本堂林氏家譜》，譜中不僅於林寶鏞事蹟敍述甚詳，同時也記有林氏一族的豐富史料，至此始赫然發現林寶鏞原是彰化城內人，日治初，因任職南投辦務署、南投公學校的關係，才在南投落地生根。又根據族譜所載，林寶鏞已是渡台第五代，因此一些書刊記他是「福建晉江人」，是不正確的。

林承郁先生承襲乃父之風

前任南投南陔詩社社長林承郁先生，喜畫白菜貓，在台灣詩壇是小有名氣的。記得先師張篁川（達修）先生晚年某次過南投，有詩懷林承郁先生，時隔多年，筆者僅記其結句云：「主盟難得林君復，白菜烏貓繼乃翁。」「林君復」是宋朝隱士林和靖，此切林姓掌故，「主盟」即指林承郁先生任南陔社長。而「白菜烏貓繼乃翁」一句，所指便是林承郁先生常畫的白菜貓，實家學淵源，得於乃父林寶鏞的眞傳。

擅書法白菜貓　詩文傳世不多

林寶鏞能畫、能書、能詩、能文，他的書畫，在清末就小有名氣，日治初期駐紮南投的日軍，因嗜好書畫，「乃聞名而到舍尋求，原無虛日，或饋品物，或贈銀券，紛至沓來」（詳見《家譜》中親筆補寫的〈笙齋自錄行狀〉），在任教小半山公廳時，他的學生施水閣更描述道：「克弘先生，別號寶鏞，又是書畫的能手，善書善畫，其中白菜貓最爲出色。南投街常有日本人前來求書求畫，我做公學校教員時，亦曾經贈送我白菜一幅留念。」（《施水閣自敍傳》），從這些記載，就不難看出他的書畫在日治初期倍受日人重視的程度了。

林寶鏞的書法作品傳世不多，筆者所知僅蕭再火先生藏有對聯一幅，曾收錄於文建會出版的《明清台灣書畫選集》，上聯是「十畝風翻諸葛菜」，下僅是「一畦雨灑邵平瓜」。至於他的白菜貓或白菜，收藏者尚多，茲舉數例，如南投縣立文化中心藏有白菜貓戲蝙蝠中堂一幅，款爲「散策東園意悄然，寒疏豐嫩豔陽天；漫將寫照題長句，得福懸知在眼前。歲次乙丑花朝節作於南岡，笙齋林寶鏞」，另彰化染香室主人何深溪舊藏有白菜扇面一幅，款爲「雨牕潑墨時，園蔬含雨意，只在點染閒，談中無限致。時庚戌端午節，擬雲岩外史畫意於霧峰考槃軒之讀書處。懷澄詞宗哂正，笙齋林寶鏞。」另林承郁先生亦保存有白菜一件，款爲「野菜參差帶雨痕，煙叢欹倒畫靈根，要知朋木存香味，屏卻繁華學澹園。擬蓮舟筆意於南岡校舍，毓富仁兄大雅之屬，笙齋試筆。」南投縣立文化中心另藏白菜條幅、扇面各一件，條幅款爲「園蔬榮未刪，得供寒士饌，笙齋寫此遺興。」扇面款爲「淡泊不妨根且咬，十年前已厭膏梁，辛亥初秋，擬雲岩外史畫意作於南岡別墅，煒明仁兄大人哂正，灌園叟林克弘。」除了白菜與貓爲題材的畫作外，筆者僅見一梅花扇面現由林承郁先生收藏，款爲「擬青藤道人畫意於南岡別墅，壬寅秋仲，笙齋戲筆。」

林寶鏞固擅詩文，但從現存的資料來看，詩作除了題畫之外，僅能找到七律二首、七絕三首，都是滄桑後的感喟之作：

〈客中雜感〉

煙波願未遂孤舟，又值風雲慘澹秋。
故主恩猶思鳳闕，新亭淚枉灑金甌。
一枰忍看殘棋劫，萬斛難拋去國愁。
海月不知人世變，夜來依舊照中州。

▲林寶鏞扇面白菜。

〈庚子春同諸友遊南投分縣衙感賦〉

勝日尋芳挈伴來，此間疇昔勝蓬萊。
寒松古柳青青在，寥落空堂半綠苔。

江山易主跡空存，廢廨殘簷燕雀喧。
倘使重逢屠二尹，也應咄咄暗銷魂。

荊棘銅駝感慨長，舊衙壁壘歎荒涼。
屠公琴鶴今何在，空剩寒鴉噪夕陽。

〈鹿港施文遠君招宴〉

世事如棋局局殘，疏狂到老笑彈冠。
詩盟白社歡連夕，酒泛紅螺醉一團。
風月喜從樓上詠，鬚眉漫

向鏡中看，
年臻大衍滄桑後，落拓當年七品官。

庚子，爲日人治台後的第六年，當時的南投分縣衙雖在，但經過戰爭的洗禮，已顯得憔悴不堪，林寶鏞憑弔舊蹟，詩中無不在細訴「江山易主」、「荆棘銅駝」的無奈，三首詩中，兩度提到「屠公」，據林承郁先生口碑，屠公，是清代最後一任的南投縣丞，名屠蘭谷，爲其父林寶鏞的舊識。

鹿港秀才施梅樵《捲濤閣詩草》有〈秋日病中得笙齋詩〉四首，接著又有〈林笙齋惠和四章賦此道謝〉一首，可見林、施兩人之間是常有詩簡往來的，據此又可知林寶鏞散佚的詩篇，應不在少數。茲錄施梅樵的〈道謝〉詩如次：

新詞青鳥忽傳來，不厭焚香讀百回。
未遇故人先入夢，可憐春色易成灰。
關河落日遲歸思，風雨名山老棄才。
悔未十年多著作，藏書世外有蓬萊。

至於林寶鏞的文章則不多見，這應是風氣使然，筆者僅能從殘存的墨跡中，找到他的一篇〈霧峰萊園茶話會〉，吉光片羽，也算難能可貴了。按據前述書畫題款，可知他應霧峰林家之聘，就是住於萊園內的「考槃軒」，始得機緣參與茶話會，而留下這篇珍貴的議論：

談論遊歷，能開智識，僕平素鈍于口舌，荷蒙諸君不棄，謬列會員，自覺愧赧無地。回憶客臘曾閱漢譯英人古克引遊一節，略談清聽，按中國諺云：「秀才不出門，能知天下事。」此言蓋不足深信，夫不出門者，惟知古書所載之事理與尋常情俗，及本邦歷代

己事，此外，但能略知鄰近情況，既難知本國之詳情，更不知萬國之實象，與夫文明政

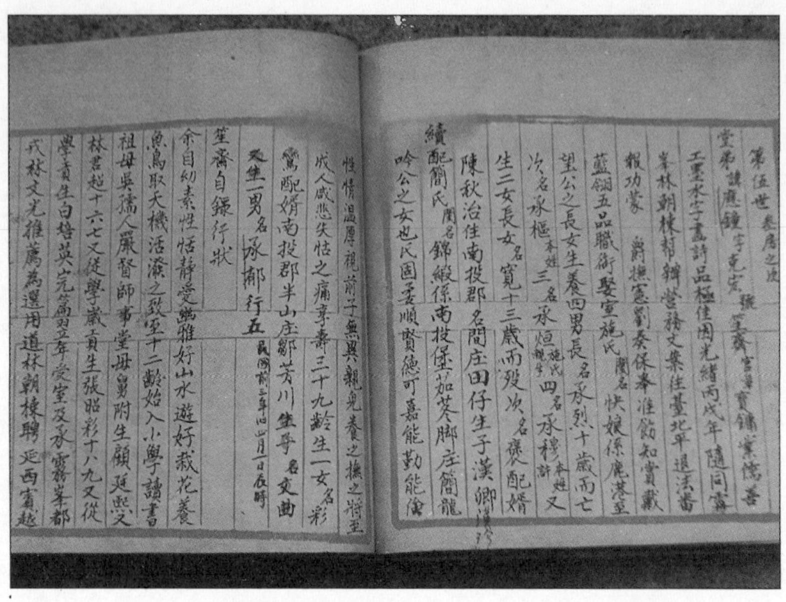

▲敦本堂林氏家譜載有林寶鏞的生平。

治、工業等之進步。

且中國向來以本國爲天下，不知有地球萬國，故略談書史，便能知天下事，且所知者亦不過文學、政治之陳陳相因者而已，其他則視爲無關，概付闕如。

近世各國交通，又以西國教俗，或屬鬼魔，或鮮禮義，其以教與商來者，又往往窘辱之，甚至西士欲設院施醫，而亦在屏斥之列，蓋謬指爲鬼，遂不問其學問識見何如，一概鄙視之矣。故廣學會之西人，與他會之教士遭惡待，不知幾何人，乃致西國動稱中華爲世間最無禮義之國，由是肇釁受禍者蓋不少矣，則是中國閉關而無交通靈便機關之故，即不知道遊歷一事爲個人與國家之緊要事務也。

逮夫今日幸士商知識漸開，既涉西籍，漸通外情，故數十年前之言論動作，可冀不再見于今日，雖然人欲知世界事理，除漢書外，

必需加以閱歷，而尤需有慣于遊歷者到處指示之，方為有益，否則有不免虛遊之憾者矣。故處二十世紀之世界上，其人若無遊歷之知識，其學問必有缺陷可斷然者，故壯年有志之士，當痛除其閉門既居不與世事之故態也。

此文約撰於西元一九一二年（日大正元年），從其字裏行間，不難發現林寶鏞雖然後半生幾乎都以教授漢文為業，但他的思想卻是進步而新穎的，主張不能以僅讀固有之書史為足，必須涉獵西籍，通曉外情，並以實地的遊歷補其不足。尤其他認為不能一味的反對外人，甚至連設院施醫，也一概屏斥，而讓外人認為「中華為世間最無禮義之國」，這篇議論，藉題發揮，眞堪為當時守舊人士的一記當頭棒喝！

聯文的撰寫，也是林寶鏞所拿手的，就筆者所知，南投張姓家廟清河宗祠的匾聯門扇文字，無不出自他的手筆，其中柱聯部份，多以「琯溪」及「清河」冠首，約有十五聯之多，茲各錄二聯如次：

〈琯溪〉

琯水流馨，萬選青錢文藻宿；
溪山鼎峙，千秋金鑑奐輪新。

琯綬瓊章，百忍堂中傳祖德；
溪聲山色，三英隊裏振家風。

〈清河〉

清白溯家風，有親可久，有功可大；
河山鍾世德，致愨則著，致愛則存。

清森喬木已欣榮，總本祖宗一氣；
河朔華觴圖大慶，庶成爼豆重光。

此外，草鞋墩北投埔林姓和溪宗祠，也留有他撰寫的三副柱聯：

和氣怡顏，敦宗睦族；
溪光山色，毓秀鍾靈。
宗支淳美垂南靖；
祠宇丕昌仰北投。
先世源流，和溪衍派；
後人纘緒，林雅分支。

有子傳其衣鉢　遺物散佚殆盡

林寶鏞生於咸豐八年（西元一八五八年）九月初十日申時，卒於一九二五年（日大正十四年）九月廿七日巳時，原葬在南投「番社後壁山」，今遷「牛食水山」。寶鏞初娶施氏快娘（鹿港人，其父施至望以小船接駁大船之貨物爲生），生養四男，長承烈，十歲而亡，次承樞（螟蛉），三承烜，四承穆（螟蛉），另生二女，長女名寬、次女名褒。續配簡氏錦緞（南投茄苳脚庄簡龍吟之女），享年僅三十九，生一男一女，男即林承郁先生（西元

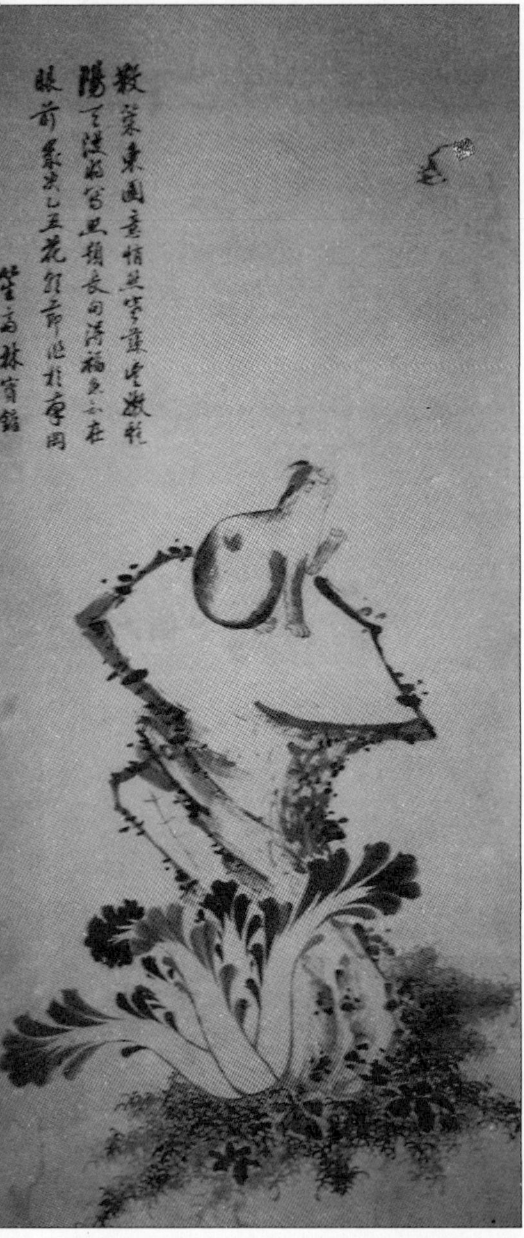

▲南投縣立文化中心館藏的林寶鏞白菜貓戲蝙蝠中堂。

一九〇八年生）。

林承郁先生三歲失恃，十六歲喪父。翌年（即日大正十五年、昭和元年、西元一九二六年）就乘火車到基隆，然後換小漁船到花蓮港壽區豐田村之日人移民村的豐田商店，受傭於日本人，替移民村載送生活必須品。剛開始主要是想學習日文，因無意間認識一位來花蓮港開設「片山寫眞館」的日本人片山，且因乏資本營商，才轉學照相技術，後歸南投開設「ハヤシ寫眞館」，爲南投照相業的先驅。

因受林寶鏞晚年投資窯業及信用組合失敗的影響，林承郁先生年輕時就得離鄉背井，從傭工做起，歷經多年的奮鬥，終於白手成家。早年除經營照相業外，並出任南陔詩社社長，鼓吹風雅，極爲熱心，著有《盟鷗閣詩鈔》行世。他的水墨白菜貓，也深得乃父的眞傳。現已退休，寓台北市。

據林承郁先生口碑，俗稱「東門菜堂」的彰化市著名古刹曇花佛堂，即是在他祖父林天福（法號普雨）手裏興建的，因其父林寶鏞到外地謀生，所以就把另一房僅存的一位「親堂」（堂弟）找來同住，林天福過世後，佛堂就由這位「親堂」管理（即目前管理人林大賡的祖父），目前兩房之間，老一輩仍有往來。

林寶鏞因本身好讀書及字畫，所以身後留有不少這類的文物，惟目前散佚殆盡，個中原因據瞭解是林承郁少年離開南投到花蓮港謀生的這段時間，其三兄林承烜因重病在家，常在家中問神，出入的人雜，加上其兄嫂又好炫耀，每將家中的東西拿出來「展寶」，只要是人家喜歡，往往就很慷慨的送出去，據林承郁先生回憶，早年家中所留存的林寶鏞遺物，包括「靴尖」一雙、相片一幀及一冊有關棟軍編制的抄本，後來都不知去向，目前僅殘存若干扇面（包括自繪及友人繪贈）、繪像一幅及一些片斷墨蹟而已。

友人的論贊

茲錄繪像中由南投廩生江斗南（包尾人，日治初曾授「紳章」，因賭被抓而取消）撰文、名書畫家施少雨書寫於西元一九〇八年（日明治四十一年）正月的題詞，借花獻佛，作爲對林寶鏞生平的論贊：

笙齋先生本磺溪風雅士也，爲人謹厚，學問深純，兼精書畫，名重一時，亦復篤志經綸，殊有用世之懷。觀其乙酉受林蔭堂觀察之聘，從事於棟軍司文案，任參謀之職務，平法夷於基隆，上憲嘉其屢著勞績，保舉藍翎五品銜，補用縣丞。及乎戊子年，土匪圍攻彰化縣城，先生仍勤軍務，肅清之際，又蒙爵帥劉從優旌敘知縣，聲名嘖嘖，人口宜也，非倖也。惜乎素志未酬，忽遭滄桑世變，台歸日領，先生因時制宜，或應縣廳之聘，或參教學校，雖無安富尊榮之大，而德澤之足以及人，亦可謂有功於世道者矣，茲居五旬寫照，屬題於余，忝在友誼，義重金石，因掇數語敘述其生平梗概云爾。

▲林承郁先生的「白菜貓」。

3／廟堂揮灑盡淋漓

——被遺忘的民間畫師柯煥章

柯煥章雖是出身市井的漆匠，
但書畫俱佳，
而且從他所題辭句來看，
幾乎都出自古籍，
不僅充滿書卷氣，也滋潤了作品的內涵。

一座傳統建築，無論是如何的精雕細琢，最後都免不了利用色彩加以美化，甚至藉以炫耀主人的身份地位。色彩的呈現，固然有許多種，就台灣民間而言，應以水墨彩畫所佔的地位最為重要。水墨彩畫，即指以水墨投法繪於建築物上的畫作而言，當然也包括畫面上（或自成格局）墨灑淋漓的書法作品。

據林會承《傳統建築手冊》一書的分析，傳統建築上的水墨彩畫，多分布在板壁、牆面、樑枋及裙板之上，其題材也因建築物的性質而有所不同，道教宮廟，多取自民間故事或歷史演義；佛教寺院及書院，大抵以忠

孝節義等教化故事及山水、花鳥爲主；住宅按清代規制則應視官品及部位而有所不同，

二品官以上者作青綠彩畫，二品以下及庶民只准刷染。但天高皇帝遠的台灣，從清代開始，就有不少大戶人家違反這個規定，在宅第畫上各種水墨彩畫。日治以後的民宅，更是「有樣看樣」，只要是稍具規模的，大概都免不了從俗。

台灣的水墨彩畫，自來就是讀書人所喜愛，自然而然便盛行於一些人文薈萃的地方，如台南、彰化、鹿港等地，不僅格調較高，而且名家輩出，早期的台灣文獻，對這些民間畫師，著墨不多，加上作品多隨著建築物的改建、重修而湮滅，致使姓名流傳後世的，就寥寥無幾了。《彰化縣志》所記的「畫工」蔡推慶，算是少見的異數，否則，大多靠著作品的倖存，才使後人得知其大名，如繪「摘星山莊」廳壁的郭友梅，便是一例。

日治期間以及二次世界大戰後二、三十年間，因年代較近、作品流傳較多之故，若干

▲道東書院柯煥章作品。

民間畫師的大名，透過建築學界的推介，才逐漸爲人熟知，以林會承《傳統建築手冊》爲例，書中僅舉了「在行家眼中藝術水準最高的鹿港龍山寺彩畫」作者鹿港郭新林及「在藝壇亦享有盛名」的台南潘春源與陳玉峰等三人，做爲這段時期的代表人物，而把生前畫藝地位及輩份都在郭新林之上的柯煥章給忽略了，其中最主要的原因，應是柯氏死得較早，無緣參與六十年代龍山寺的壁畫工作所致，相對的也因他成名較早，許多作品未能保存至今，而影響他在藝壇的定位，僅就見聞，拋磚引玉，倘讀者知之較詳，懇盼不吝賜教。

筆者有機緣翻閱了一篇探討彰化書畫源流的文章，文中對柯煥章廟宇壁畫濃厚的藝術氣息，有較高的評價，但微覺缺憾的是，作者把柯煥章說成是彰化和美人，這是不對的，不過鹿港耆宿黃天素生先也說柯煥章是和美人，因黃老與柯煥章兩人之間，既是同行，也是好友，由此看來柯煥章雖非和美人，但與和美應有若干淵源，筆者推測也許柯氏經營的油漆店就開設在和美，可惜目前尚缺乏進一步的資料可佐證。據筆者所知，柯煥章確實的籍貫，爲今彰化縣伸港鄉汴頭村的十八張，家住十八張的一個小山崙上，因此柯氏有一別號稱爲「汴村太叟」，就是這個緣故。

柯煥章作品除了署其本名及「汴村太叟」之外，較常見到的，另有「笑雲」、「夢覺齋主人」兩種。柯氏的繪畫啓蒙，與他出身錦益油漆行有關，錦益油漆爲郭新林之兄（其名待查）所開設，但據黃天素先生說，柯煥章在畫藝上的成就，完全是憑著他的天份及臨摹歷代畫譜而來，他跟郭新林之兄所學，不過是基本的油漆技術而已。柯煥章既熱衷於書畫，而在二次世界大戰後初期物資缺乏

交趾陶

台灣的傳統建築中，屬於裝飾性的工藝品，佔有重要的地位。「交趾陶」，也稱「交趾燒」，顧名思義，是源自廣東五嶺以南的交趾，也就是歷史上有名的馬援征交趾故事發生地。交趾陶是一種混用烏土、白土，採低溫燒製的軟陶，色彩豐富，不僅成爲寺廟、民宅裝飾的最愛，就連神桌上的神像、文人雅士文玩小品也少不了它。交趾陶何時傳入台灣已無從查考，但可確定的是早期都只從廣東聘請匠師來施做，相傳光緒初年，台灣府城興建「兩廣會館」時，有位劉姓匠師，將此技藝傳授給住在麻豆的葉王。葉王所製交趾陶，精美絕倫，獨步全台，後世對他有很高的評價，日治時，甚至有「台灣絕技」、「東洋國寶」的美譽，南部一些廟宇，還保存有葉王作品。目前這項技術，雖仍繼續承傳，不過無論是題材、理念、硬度，都今非昔比了。

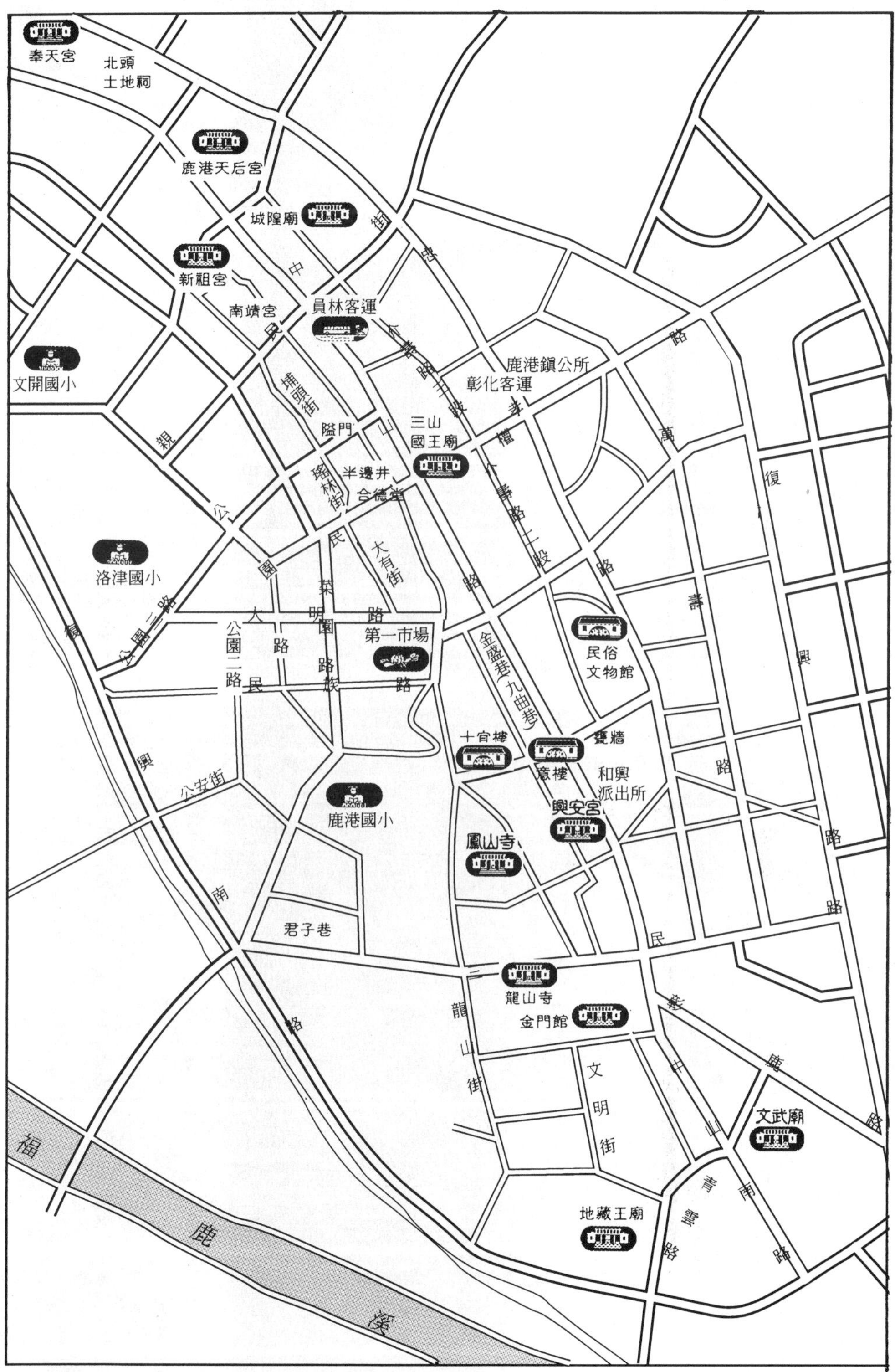

奉天宮
北頭土地祠
鹿港天后宮
城隍廟
新祖宮
南靖宮
員林客運
文開國小
鹿港鎮公所
彰化客運
埔頭街
隘門
三山國王廟
瑤林街
半邊井
合德堂
洛津國小
大有街
公園一路
公園二路
第一市場
金盛巷(九曲巷)
民俗文物館
十宜樓
意樓
甕牆
和興派出所
興安宮
鳳山寺
公安街
鹿港國小
君子巷
龍山寺
金門館
龍山街
文明街
文武廟
地藏王廟
青雲路
福鹿溪

鹿港鎮示意圖

的年代，好的書畫用紙，不容易到手，黃老先生表示，由於本身的愛好，經常自上海訂購大批的宣紙，因此都會「撥」（讓售）一些給柯煥章。

從日治時代到二次世界大戰以後，柯煥章的壁畫一直與郭新林齊名，中部地區許多著名寺廟、大厝的油漆及壁畫，大都非他們二人莫屬，而且許多寺廟往往請了他二位同時「對做」，在「對做」的情形之下，作品有了對手的比較，便絲毫馬虎不得，必須竭盡所能，才不致顏面無光。目前彰化可看到郭、柯「對做」作品的廟宇，尚有鹿港天后宮及彰化節孝祠二處。

鹿港天后宮山川門左右，各有一幅大壁畫，左爲柯煥章的「伯牙彈琴」，右即黃天素先生畫的「臥禪」，作於民國四十七年（西元一九五八年）元宵節前，以當時二人地位極爲懸殊的情況下，何以作品會同時出現在對

▲鹿港天后宮柯煥章之「伯牙彈琴」。

稱的廟壁呢？原來這當中尙蘊涵著一段鮮爲人知的掌故，據黃天素先生回憶說，當時天后宮重修，柯煥章與郭新林「對做」壁畫，因柯的輩份較高，就承包了「龍屏」，另外的「虎屏」，就由郭新林承包了，當時的黃天素先生初露頭角，郭新林乃找他代畫「虎屏」的壁畫，而他沒有畫大壁畫的經驗，只得先找來二張梯，上架以戲棚木板，人就在上面畫，但不能靈活移動位置，每畫好數筆之後，就得下梯看看，然後移梯，一上一下，非常辛苦。畫好之後，柯煥章看了非常欣賞黃天素先生的風格，頗有知己之感，於是在對面的「龍屏」壁上，就以伯牙彈琴遇知音的故事爲題材，而完成了他的作品，目前這兩幅畫仍在天后宮山川門內，有興趣的讀者，不妨加以留意。

柯煥章的壁畫，據筆者見聞所及，除天后宮、節孝祠之外，尙有竹山開漳聖王廟、莊

▲鹿港天后宮黃天素之「臥禪」。

氏家廟、芬園下茄荖永安宮、和美道東書院。據說西螺附近廟宇，也有他的作品，其中開漳聖王廟壁畫，近年已隨著廟宇改建而拆毀，道東書院壁畫，已隨著歲月的增長，而逐漸剝落、褪色，永安宮則已拆除重建。目前柯煥章較早期作品當中，應以竹山莊氏家廟大廳的二幅左傳故事，最爲完整，幾乎完整如初。這二幅作品畫於「丙寅季冬月」，即西元一九二六年農曆十二月，距今七十多年，可能由於在室內，且無香火蒸薰的緣故，而得以保存它原來的風貌。

綜觀柯煥章作品，書畫俱佳，在書法方面，眞、草、篆、隸，樣樣精通，在繪畫方面，廟壁大幅作品以歷史演義等忠孝節義故事爲主，而橫梁的小品之作，則花卉、翎毛、蟲魚……等，亦無所不精。難能可貴的是，柯煥章雖是出身市井的漆匠，但從他所題辭句來看，幾乎都是出自古書，如左傳、唐詩、菜根譚，不僅充滿了書卷氣，也滋潤了作品的內涵。

柯煥章的生平，極爲隱晦，筆者多方蒐羅，因年代久遠，且未能聯繫到他的後裔，故僅能作浮光掠影的敍述，據友人何深溪先生相告，柯氏曾一度在彰化市竹篾街（在今車路口附近中正路）開設過裱褙店。又據黃天素先生的說法，柯煥章在畫過天后宮壁畫後，二、三年之間，約在民國四十八年以前就過世了，年近七十，早已爲人們所遺忘，願藉本文，爲他在台灣民間藝術史上，留下吉光片羽。

4／捏麵彩繪一甲子

——黃景南的捏麵藝術

**在那個實施食物配給的年代，
一塊小的可憐的豬肉就已是供桌上的珍品，
居然有人供著一大塊肉，
日警聞訊趕來取締，
不料鮮肉的眞面目竟是麵團。**

教育部從民國七十四年(西元一九八五年)開始辦理民族藝術薪傳獎，至民國八十一年(西元一九九二年)爲止，彰化縣籍的傳統工藝類得獎人共有六名，幾乎都是鹿港人士的天下，僅二水的謝苗及和美的黃景南算是異數。和美自古就以花燈、藝閣、陣頭聞名遠近，黃景南榮膺的獎項，便是與此有關的捏麵彩繪，實至名歸，爲和美人的光榮。

黃景南獲獎的捏麵藝術，並非目前到處民俗活動可見的捏麵人，而是層次較高的「看桌」及「看山」製作，只有做醮或大拜拜才能見得到。所謂「看桌」，即是各廟宇祭典活

動時，所陳列一組組由麵粉捏成並加彩繪的供品，題材以海產、水果、花卉、昆蟲爲主，而「看山」則是竹片、鐵絲或紙紮成的假山、樓閣，然後再捏製各種人物造型，串成歷史演義、民間故事，也是廟會活動觀衆注目的焦點之一。

西元一九一五年（日大正四年）出生於犁盛里的黃景南，已年屆八十餘歲，據他回憶，七歲時，就已能利用冬至搓湯圓的機會，捏出各種人物、動物，而得到老祖母的誇獎及指導。西元一九二九年（日昭和四年）正式投入捏麵彩繪的工作，成爲專業人員。第二年，黃景南才十六歲，伸港十八莊「請媽祖」時，曾被其中什股莊請去做「看桌」，結果一炮而紅，許多觀衆對那些栩栩如生的「看桌」，竟是出自一位少年之手，都認爲不可思議，從此黃景南聲名遠播，到處都有人請他去做。西元一九三三年（日昭和七年），就已遠赴高雄、台北等地，參加「看桌」展。

和美地方的迎花燈，在當時就是轟動全台

▲黃景南捏麵時的神情。

的民俗節目，自幼年耳濡目染，當然黃景南對花燈的製作，也是十分的高明，西元一九三六年，霧峰聞人林獻堂一新會主辦的花燈比賽，黃景南就憑著他的巧思，奪得冠軍，年僅二十二歲而已。第二年，埔里建興舉辦的「看桌」比賽，又由黃景南榮獲冠軍。

這年，黃景南以僅有的小學學歷，憑著業餘刻苦自修，通過教員檢定，而於西元一九四三年（日昭和十八年）任教新莊國小。從此捏麵彩繪，便由專業而變成業餘工作，春風化雨、作育英才，黃景南仍不忘教學相長，運用他的捏麵特長，作成教具（模型）、昆蟲標本、舞蹈佈景……等等，屢獲嘉獎、記功。教學生涯，直到民國六十二年（西元一九七三年），才由新莊國小退休，退休後，對於「看桌」、「看山」製作，更爲投入，風格也更趨於多樣化，在材質的選擇也更考究。

民國七十六年（西元一九八七年），黃景南加入和美老人會，以尋求心靈上的寄託。未料在此結交了許多的老朋友，他的捏麵才藝，又贏得會員們一致的讚譽，乃由和美老人會推荐他參加教育部的民族藝師薪傳獎選拔，而於民國八十年（西元一九九一年）間，在一〇三件的推荐名單脫穎而出，成爲傳統工藝類的得主，也是台灣第一位以捏麵彩繪得獎的人士，一甲子的奮鬥，終獲肯定，這

▲「看桌」的捏麵藝品。

▲栩栩如生的捏麵彩繪。

是他繼教員檢定及格後的另一項成就，畢竟平日的努力耕耘，都得到了豐碩的成果。只可惜近年來各地廟會，已逐漸揚棄了傳統式的「看桌」、「看山」，而以五光十色的聲光電化設備取而代之，眞是熱鬧有餘，精緻不足，以致這項傳統的民間藝術，隨著老成凋謝，漸漸式微，令人感慨。

黃景南捏麵生涯中，印象最爲深刻的是，台灣在二次世界大戰結束前一年，當時實施食物配給，大拜拜時豬肉是供桌上的珍品，大家所供的，莫不小的可憐，只有聘請黃老先生前往的主人家所供居然是一大塊，消息很快就傳開，日警聞訊，就趕過來準備取締，不料當將豬肉提起時，卻發現卻是用麵粉捏製的，不得不佩服的五體投地，從此黃景南聲名不脛而走，彰化境內，大家都知道和美有個捏麵大師。

早年物質缺乏，捏麵的作品都是可食用的，因此黃景南的作品保存下來的很少，爲此經過他潛心研究，除在麵粉中加入防腐劑之外，彩繪完成後，更塗上層亮光漆，乾燥之後，便可長久保存，而臻於藝術化。雖然「看桌」捏麵技藝，已日漸式微，但目前他的子女們多能承其衣缽，利用紙粘土在各社團授課，將捏麵藝術賦予新的生命，以另一種面目傳承下去，這是黃景南最感欣慰的！

5／火樹銀花・金吾不禁

——和美迎花燈拚陣頭談往

從結燈逐疫的迎花燈活動。
演變爲一場你來我往拚陣頭的局面，
當時賣力投入的熱鬧賽事，
卻也敵不過歲月流逝，
在人們的生活中消失了。

在台灣，過了元宵節這天，新年歡樂的氣氛才算結束了。元宵節自古以來，就是一個多彩多姿的節日，「火樹銀花，金吾不禁」，古今似乎沒有兩樣，惟目前在台灣，傳統的花燈展覽、施放煙火等，已較難引起人們的興趣。因此，提到元宵節，現代人幾乎就會聯想到台南鹽水的「蜂炮」以及台東的「炸玄壇爺」。這兩地的活動，都以刺激、火爆聞名，頗能迎合時下青年人的心理。

但早年台灣各地的元宵活動中，最具特色的，可能不只上述兩地，彰化和美的迎花燈、拚陣頭，也是一大特色，這項習俗至少從清

末就已存在，一直到二次世界大戰後的六十年代才完全結束。在目前所見介紹台灣民俗節慶的書籍中，筆者孤陋寡聞，僅知廖漢臣編著的《台灣的年節》一書中，曾略爲提到，其他就一無所悉了。遺憾的是近年編成的《和美鎭志》，居然把這項被譽爲「和美地方特有的風景，在其他地方是無從欣賞的」之民俗活動給遺漏了。其風俗志的歲時節慶，所列都是全台通用的年節民俗，毫無特色，値得秉筆者省思！

烘爐穴・愈迎愈熱鬧

《台灣的年節》書中，稱和美的迎花燈拚陣頭的習俗爲「花燈比賽」，名稱上就顯得不太貼切，至於所載「比賽」的內容則大致是這樣的：

「該鎭分爲和美街內和街外北勢頭兩區，每逢元宵，兩區人士常常舉辦花燈比賽。比

▲許多民俗活動已隨時代進步有所改變或湮滅。（劉還月攝）

賽的方法，是由一方先派『假童』，即偽裝的童乩，到另一方挑戰，如另一方不肯示弱，同意應戰，雙方人士就推選代表，在神前集合，向神報告，以筶卜定比賽期日，趕製花燈，整備各種陣頭。

第一天，由挑戰開始行列，從自己的區域，排隊遊行，到另一區炫耀一番，次日再由應戰者，整備燈隊，由應戰者遊行到挑戰區，如應戰者的陣頭，比挑戰者的陣頭來得盛大，挑戰者就再鳩資，添加更巧妙的陣頭，再到應戰區去亮相。

這樣的一來一往，互相爭取面子，直至一方財力不繼，力盡認輸，纔停止比賽。因此，雙方互爭意氣，時時發生衝突，以致時被禁止比賽，二次戰後，報上也有類此記事。」此外，何以這種「比賽」方式容易引起事端，而和美地方人士，不引以為戒，每年都樂此不疲呢？書中又引述地方人士的說法，說是和美地形酷似「葫蘆」，自古以來就流傳著一句「葫蘆穴，愈迎愈鬧熱」的俗諺，大家咸信比賽花燈，地方才會繁榮。

以上所述，雖未說明資料來源，但從文中「二次戰後，報上也有類此記事」這兩句話加以推敲，也可略知端倪，筆者猜想應是取材自六十年代新聞紙「特稿」之類的報導。所謂的「比賽」，其方式大體上是不錯，但許多細節都給忽略了，甚至和美地形酷似「葫蘆」愈迎愈旺之說，根據老一輩的說法，和美是「烘爐穴」才是正確的，「烘爐」不能沒有火，所以和美人士才會認為花燈愈燒愈旺。

筆者久寓和美，爰就訪談所得，略記和美這項特有的民俗活動，因筆者非土生土長於此，故難免有隔靴搔癢之憾，相信不少的和美鄉親，對於早年的迎花燈盛況，尚記憶猶新，懇盼賜教！

清末已極負盛名

和美迎花燈起於何時，至今已無從考稽，《台灣的年節》將此列在「日治時期」敍述，這是不對的，按據筆者所知，彰化廩生吳德功《瑞桃齋詩稿》上卷收錄有〈暮春和美線結燈逐疫〉詩云：

迎神逐疫遍西東，簫鼓喧塡透碧空，
螺角一聲吹夜月，龍旗數葉舞春風。
歌姬侑酒觴浮白，火樹開花燄吐紅。
古禮鄉人猶守舊，亂餘覩此樂雍雍。

緊接著，又有一首〈夜到和美莊看燈〉詩句如下：

聞說花燈鬧若狂，邀朋健步過池塘。
春風滿袖分同伴，夜月隨人到客鄉。
隔岸歌聲呈逸韻，遠村漁火露微光。
沿街簫鼓喧天地，穰穰熙熙氣象忙。

▲道東書院是和美僅存的人文史蹟。

吳詩上卷部份，據其目錄夾註謂：「乙未以前」，可確認是清末的作品，換句話說，和美的迎花燈早在清代就已存在了。至於詩題的「暮春」，爲農曆三月，這時尙是和美迎花燈的「旺季」（詳見下文）。此外，詩題提到的「結燈逐疫」，應是最早的動機，以後因爭奇競艷，纔逐漸變質，由迎花燈而拚陣頭。

早期迎花燈的進行方式，從上引二詩中，也可得知花燈的隊伍是隨著神輿之後沿街遊行，鼓樂聲喧，觀者如織，惟是否有拚陣頭的情形，尙乏進一步的資料。據筆者歷訪世居和美的黃建榮先生及黃貴美女士口碑，和美迎花燈、拚陣頭的過程約略如下。

跳假童害衆人

和美迎花燈拚陣頭的劃分，係分作和東與和西兩部份，兩者的分界線爲「中街」（在今「圓環仔」附近），中街以東，商家薈萃，財力充裕，但都忙著生意，致缺乏人手。中街以西，屬郊區，財力較差，但人多勢衆，二者各有所長，也各有所短，因此旗鼓相當，勢均力敵。

每年兩方迎花燈，並非元宵才開始，而是大年初二（或初一），首先由「假童」僞裝起童，至中街的玉珍鹽館（二次世界大戰後改設配銷所）處「摃燈」，而揭開雙方迎花燈的序幕，按地方慣例，必須有「假童」（即使明知是裝的）前往摃燈，才算開始，至今和美地區仍流傳一句俗諺「跳假童，害衆人」，即是淵源於此。摃燈即含有挑釁的意味，燈一摃，緊接著就是你來我往，略如前引《台灣的年節》所述，剛開始花燈互相炫耀，慢慢的各種陣頭就紛紛出籠了。陣頭中以藝閣最爲出色，起先藝閣扮的都是民間通俗故事，後來則因雙方意氣之爭，而推出各種極盡諷刺、挖苦的妝扮，就這樣一直延續到四月十

▲和美中街是拚陣頭的分界線。

二日左右，才算結束。

雙方拚陣頭，難免發生一些紛爭，日治期間，當局有意禁止，曾二次在插燈之後，派警察將燈取下踐踏，但警察後來都不太平安，因此也就不了了之。二次大戰後，和美的迎花燈拚陣頭仍是滿城瘋狂，愈演愈烈。據黃貴美女士的回憶，約民國三十六年（西元一九四七年）時，所見的藝閣仍不少是如假包換的藝旦，能彈能唱，不像以後的一些「啞口藝旦」（民間對藝閣只扮演而不唱者的稱呼）。五十年代，可能基於節約的理由，迎花燈逐漸被禁，剛開始時，據說：「假童插燈」儀式，往往與警察如捉迷藏般的進行。

約民國五十年（西元一九六一年），和美人士基於懷舊的心裡，曾大規模拚過，據黃女士表示，這次印象最深刻的是和東妝了一隻瘦骨如柴的大水牛，意在諷刺和西的人較窮，有如「瘦牛厚骨」，沒有多少肉，和西不

甘示弱，即推出「鐵鎚與水缸」，妝一人手持鐵鎚敲水缸狀，意指和東不堪一擊。和東人又推出「錢通海」（如何妝扮不詳），誇其財力雄厚，和西人則以一位「漢學仔仙」教書狀回應之，但見貼著大紅紙寫著斗大的「見」字，然後這位老先生正在解釋此字爲「未見笑」（不要臉之意）的「見」字。當時和美有一人稱「戇大俊」者，智能不足，人盡皆知，和東人乃藉此發揮，妝了一幕「戇大俊娶阿西」，諷刺和西人，和西人又妝了一幕「漢學仔仙」懲罰學生的情形，學生的大名就叫「阿東」……雙方花招盡出，只求挖苦對方。

隨著社會結構的轉變，這種拚陣頭式的歡渡元宵，也急遽的蛻變，甚至銷聲匿跡，即使再有迎花燈的活動，也與各地毫無二致，大抵遊街一番，點綴佳節而已，至今已成絕響，年輕一輩，可能對於和美這項迎花燈、拚陣頭之掌故，聞所未聞了，殷望《和美鎭志》如有重修或再版的機會，切莫遺漏此一重要的民俗活動。

▲和美人相信，花燈越燒，所居的烘爐地就越旺。（劉還月攝）

6／管絃齊奏泯恩仇

——彰化「軒園咬」過眼雲煙

所謂的「軒園咬」，就是曲館互相拚戲，
因師承的關係而有派別之分，
而使彰化城的北管曲館分為兩派，
兩派不僅是做戲競爭，
就連神明繞境時的「排場」也競爭。

台灣是個移民社會，為了利益，族群之間難免會有摩擦、紛爭。「閩粵」、「漳泉」械鬥是全台性的常見模式，而彰化城卻另有個獨特的「軒園咬」。所謂的「軒園咬」，就是曲館互相拚戲。

從前彰化城內有四個著名的曲館，分別是梨春園、集樂軒、繹如齋、月華閣，號稱「園、軒、齋、閣」，梨春園俗稱「大館」，因師承的關係，而有派別之分，其中以集樂軒、梨春園為主，而使彰化城的北管曲館分為兩派，非軒即園，兩派不僅是做戲競爭，就連神明繞境時的「排場」也競爭。月華閣、繹

如齋，在戲路上，也是歸爲「軒」派。

據說早期「大甲媽」笨港進香經過彰化時，都駐駕關帝廟，因而在關帝廟口常可看到「軒園咬」的場面，他們的「咬」，固然是要以演技、唱工取勝，壓倒對方，但有時也利用戲齣名稱揶揄對方，甚至在戲中以言詞互相諷刺，更有穿插狗跳火圈特技，藉以影射對方是狗，種種方式，觀衆都看得很過癮。

隨著傳統戲曲的式微，「園、軒、齋、閣」，僅存少數白髮蒼蒼的「憨子弟」們支撐著，一笑泯恩仇，當年「軒園咬」往事，都已如不堪回首的過眼雲煙，只能從耆老口中去回味了。

▲梨春園當年風光不再，「軒園咬」已成過往。

7／端陽海口扒龍船

——台灣龍舟競渡小史

從龍舟比賽的奪標方式來看，
已從早年那種漫無紀律、你爭我奪的野蠻行爲，
發展成規則分明、精神重於物質的純體育活動。
因此划龍舟不僅含有弔屈原的意義，
更能培養一個人的團隊精神。

五月初五日端午節，也稱端陽節或天中節，是我國民間的重要節日之一，因而流傳著許多相關的習俗，諸如包角黍（粽子）、懸蒲插艾、汲午時水、配香囊、繫五色絲、龍舟競渡……等，不勝枚舉，其中的龍舟競渡，是爲紀念楚大夫屈原投汨羅江而死的一項活動，據《荊楚歲時記》一書說是：「屈原以五月五日投汨羅江，故武陵以此日作競渡。」考屈原名平，別號靈均，博聞強記，明於治亂，仕楚爲三閭大夫，懷王重其才，靳尚輩譖而疏之，於是憂愁幽思，而作離騷，以期王能感悟，至襄王時，又遭讒言，被謫江南，

乃作漁父諸篇見志，而於襄王二十一年（即周赧王三十七年，西元前二百一十八年）自沉汨羅，可見此一習俗流傳至今，至少已有二千二百年的歷史了。不過，也有人說端午競渡的紀念對象是吳子胥或曹娥，但其理由牽強附會，不容易被國人接受，只能算是聊備一說而已。

台灣早期的端午競渡

龍舟競渡，也叫鬥龍舟，台灣民間則稱爲「扒龍船」，這是端午節各項活動中的壓軸好戲，許多地區都同時分別舉行，比較著名的，包括鹿港的福鹿溪、台北淡水河、高雄的蓮池潭等地，除了比賽現場的人山人海、萬頭鑽動外，電視公司也會作實況轉播，而掀起活動的高潮。

台灣的居民，多來自閩、粵，當然在年節行事等習俗方面，也都承襲固有的傳統，與中國大同小異，端午的龍舟競渡自不例外。至於台灣競渡活動始於何時，目前已無法深考。雖然被推爲海東文獻初祖的寓賢沈光文（斯菴），在其〈五日〉詩中，曾有過「錦標奪盡我徒看」的句子，但此詩是否爲在台所作，迄無定論，故不能據以論斷。沈光文另有〈癸卯端午〉七絕三首，癸卯係永曆十七

▲五月節時掛香囊，可祛疫癘。

年（即清康熙二年、西元一六六三年），此時沈氏已居台灣，詩中卻無一言及於龍舟競渡，據筆者臆度，明鄭時代戎馬倥傯，居民生活困苦，很可能還沒有端午競渡的活動，即使有的話，當一如清人領台初期，只有沿海漁民以小船奪標，藉以點綴佳節罷了。

龍船鼓

端午競渡，顧名思義，固然是舉行於每年的端午節，但通常於五月初一日起，龍舟競渡便由「龍船鼓」揭開了序幕。據王必昌《重修台灣縣志》云：「五月初一至初五日，各寺廟及海岸各船，鳴鑼擊鼓，名曰龍船鼓。」（見卷十二〈風土志〉），這當是清代台南府城的情形，所記仍嫌不夠詳盡。按台灣俗諺有道是：「五月五，龍船鼓，滿街路。」可見所謂的龍船鼓，應該不只是寺廟、海船的鳴鑼擊鼓而已，果然連橫所著《台灣通史》中，除了引述外，又補充記道：「從前台南商務盛時，郊商各醵金製錦標，每標值十金，先數日以鼓吹迎之。」（卷二十三〈風俗志〉）將各郊商所捐贈的獎品（標）「先數日以鼓吹迎之」，不僅顯示其隆重的程度，同時也含有以廣招徠的意味，「龍船鼓，滿街路」所指，應包括這種鼓吹迎標的遊行盛況才是。

至於中部人文薈萃的鹿港，龍船鼓則又大異其趣，據周璽《彰化縣志》云：「五月初五日……近海作龍舟競渡之戲，兼奪錦標。先是初一日，以旗鼓迎龍頭，沿門歌唱曰採蓮，所唱即採蓮曲也，寺廟、海船皆鳴鑼擊鼓，謂之龍船鼓。」（卷九〈風俗志〉）文中但言「近海」，其實所指應屬鹿港無疑，捨此似別無他地。

鹿港「以旗鼓迎龍頭」的習俗至今仍存，至於「沿門歌唱」的「採蓮曲」則已接近失傳了。民國六十七年（西元一九七八年），鹿

港舉行首屆民俗才藝活動時，才從地方耆宿書法家施柏梁老先生口中採錄到一首〈龍王歌〉，歌詞典雅，曲調優美，不知是否就是縣志所言的採蓮曲，這首龍王歌，歌詞計分四段，茲錄如次：

五啊月初五啊——嘟扒啊龍啊船，ㄨㄣ，金鼓咧鬧啊紛紛。龍啊山哪碧海——呵恩啊波啊蕩，ㄨㄥ，香花咧獻龍君。」

端啊陽佳節啊——嘟集啊遊啊盛，ㄧㄥ，桃李咧揚啊清芬。三啊潭哪印月——咧光啊明啊好，ㄜ，東海咧迴龍文。

靈啊寶洞罡啊——嘟威啊猛啊烈，ㄝ，華池咧九啊龍尊。敷啊施哪潤澤——咧承啊甘啊雨，ㄨ，消除咧疫癘瘟。

敬啊天啊法祖啊——嘟風啊雷啊動，ㄨㄥ，隨處咧起啊香塵。家啊門哪迪吉——平啊安啊樂，ㄛ，四季冽鹿溪春。

▶志書的龍船競渡圖。

隨著歲月的變遷，近年鹿港龍舟比賽前的儀式也起了若干變化，現在的儀式，仍自五月初一日開始，是日，燒香、點燭、擊鼓，將龍舟划至水邊岸上，名爲「請水仙」，請完水仙，龍舟就停放在岸上，衆人即鄭重其事的擲筶，來決定「爐主」等負責人，初二日，在爐主家中開「龍船會」，決定有關事宜，初五日，所有船員用肩扛龍舟，鳴鑼擊鼓遊行，沿街民衆鳴炮，燒香禮拜，至岸上巡行以後，才將龍舟放入水中進行比賽。

各地競渡盛況

龍船鼓之後，緊接著龍舟競渡就正式登場了。清代的台灣，競渡的時間，從一天到三天不等，所設的「標」，則因時地而異，奪標的方式，也與內地不盡相同，當然與時下的比賽方式更是截然不同。據日人中川子信於嘉慶五年（日寬正十一年、西元一八〇〇年）編述的《清俗紀聞》記載，江蘇一帶的奪標，是由觀衆將寫著賞銀數目及給賞者姓名的紙張，繫於鴨子身上或裝入空酒壺內，然後將鴨子或酒壺放浮於適當的水面，龍舟即爭先搶拾，先得者爲勝。

至於目前各地的比賽，則每回合只限二艘登場，各佔一水道，全程約八十至一百公尺，終點各豎一小型三角紅旗，以撐龍舟頭撓手先奪旗者爲勝。而早年台灣各地的奪標方式卻非如此，通常由主辦者將標掛於竹竿，任由所有船隻爭奪，如康熙間台灣縣籍例貢生

女子龍舟競渡

現代各地的龍舟比賽，幾乎都有女子組參加角逐，司空見慣，已不足爲奇，但在二百餘年前的台南府城，居然出現有女子龍舟競渡，的確令人驚異。其事發生於台灣府知府蔣允焄任內（按：蔣爲乾隆二十八年八月任，三十一年七月卸。），同時也是蔣氏極力促成的，可惜只是曇花一現，並未造成風氣，據連橫《雅堂文集》記云：

鄭大樞的〈風物吟〉詩，有「海口龍舟奪錦標」句，原註云：「端陽，海口或用鈔，亦用布帛懸於竹竿爲標，漁船爭取之，爲龍舟之戲。」所詠即是典型的例子。茲將各府、縣、廳志及私家著述中，相關的記載列舉代表性者如次，以見當時的盛況。

高拱乾《台灣府志》（康熙三十三年、西元一六九四年）：「競渡雖云弔屈，亦以辟邪，無貴賤，咸買舟出遊，中流簫鼓，歌舞凌波，遊人置竿船頭，掛以錦綺，捷者奪標而去。」（卷七〈風土〉，周元文、劉良壁續志均同）。

陳夢林《諸羅縣志》（康熙五十八年、西元一七一九年）：「端午日……笨港、鹹水港等處，划舟競渡，遊人雜遝，亦有置竿掛錦，捷者奪標以去。」（卷八〈風俗志〉）

陳文達《鳳山縣志》（康熙五十九年、西元一七二〇年）：「端午……俗鬥龍舟，遊人放□，持豚酒餉之。」（卷七〈風土志〉）。

「半月池，在小南門外，廣可十畝，即南湖也，左受蓬溪，以接內山之流，右出大南門，經新昌里，蜿蜒入海；知府蔣允焄濬之，爲旱潦蓄洩之資。又建半月樓其上，端午之日，召妙齡妓女，衣輕絹，持畫槳，競渡於此。水花一濺，脂肉畢呈，太守顧而樂之，闔城男女逐隊以觀，極一時之盛。今樓已毀，池亦漸淤，寒葦荒畦，蕭然滿目，能不慨嘆！」（〈台南古跡志〉）

由文中的描述，可以發現當時參加的對象，只限於「妙齡妓女」而已，在舊社會裏，風氣閉塞，也只有此輩才有勇氣參加這項別開生面的龍舟競渡，一般婦女絕不敢如此大方拋頭露面的。

黃叔璥《台海使槎錄》：「（五月）……自初五至初七，好事者每於海口淺處，用錢或布為標，舢板、漁船爭相奪取，勝者鳴鑼為得采，土人亦號為鬥龍舟。」（卷一〈赤嵌筆談〉，余文儀、范咸續修府志、王瑛增《重修鳳山縣志》悉同）

林豪《澎湖廳志》：「端陽節……又將小漁船彩畫五色，鳴鑼角勝，謂之鬥龍舟，好事者於海口豎標，招人相奪，其標用紅布一幅、銀牌一面、銅錢數十文，用紅繩串成，奪得者以為得彩。」（卷九〈風俗〉）

不著撰人《安平縣雜記》（日治初）：「好事者於港口結巾扇等物為標，划小船爭相奪取，土人亦號為鬥龍舟。」

蔡振豐《苑裏志》（西元一八九七年、日明治三十年）：「五月五日為端陽節……他處有鬥龍舟之設，惟苑裏之港，前有舉行，今廢已久，人人猶侈而談及之。」（下卷〈風俗考〉）

鄭鵬雲《新竹縣志初稿》（西元一八九八年、明治三十一年）：「五月五日……濱海作競渡戲，郊鋪送標到港，奪標者以所繫玉環、銀鍊、繡帕等物獎之，觀者冠蓋如堵云。」（卷五〈風俗〉）同書卷六〈文徵〉門陳朝龍竹塹竹枝詞：「蒲觴艾酒醉端陽，無數龍舟競渡忙；爭看奪標人兩岸，浪花噴濕粉雙行。」（端午節海口鬥龍舟，婦女觀者如堵）。」鄭鵬雲新竹竹枝詞：「端陽佳節約同遊，角黍堆盤自應酬；況是今年風景好，大家海口看龍舟。（舊曆五月五日為端陽，舊港例有鬥龍舟）。」

歸納以上官私記載，清代台灣舉行龍舟競渡地點，包括台南、澎湖、鳳山、諸羅（北港、鹹水港）、彰化（鹿港）、新竹（舊港、苑裏港）等地，標的種類，更是琳瑯滿目，包括錢、布、巾、扇、玉環、銀鍊、銀牌、繡帕等物，而奪標方式，則全是一窩蜂式的

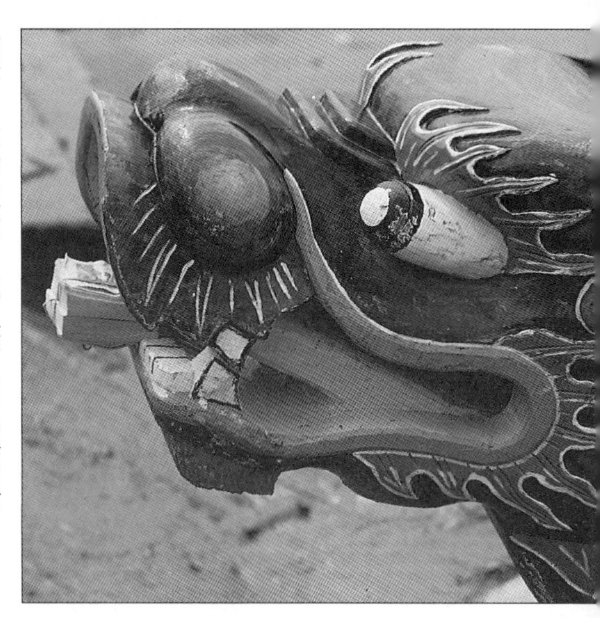

搶奪，危險性大，並且容易引起糾紛。

龍舟的構造

台灣各地，每逢端午固然都有「鬥龍舟」的習俗，其實絕無名實相符者，除了台南小南門外南湖的女子龍舟情況不明外，其餘各地，無不使用舢板、小漁船參加角逐，因鑑於《澎湖廳志》中，曾提到「將小漁船彩畫五色」，那麼台灣本島各地，恐怕也是依樣畫葫蘆，如果持此與中國蘇州一帶的龍舟比較的話，簡直有天淵之別。

日人中川子信《清俗紀聞》的資料來源，全採自當時在日本營商的江蘇、浙江等地人士口述，並繪有精細的插圖，該書卷中曾詳細介紹「標準」的龍舟，也提到福建一帶簡陋的「競渡船」。據記載，標準龍舟長約五、六間（按：一間爲六尺），寬二間，艙製爲龍頭，艫製爲龍尾，船體盡畫龍鱗，並加以著色，望之有如龍浮水面一般。外表有牌樓，稱爲龍門，上面豎立涼傘，龍門四柱插著旗幟，其次設有二層台，台上的中央，豎起龍旗，四周排列著數枝旗子，再其次即儲置亭，亭的上面有涼傘，亭兩邊欄干，則亦各豎立數枝旗子。龍尾斜插一大旗，旗與涼傘都是猩緋色的綢緞花紋布，縫上有如小鏡般的金箔，頗爲美觀，雨天時則改用「油旗」（按：

▲龍船下水前，要先點睛開光。（劉還月攝）

即以綢緞製的錦旗塗上桐油)。一艘船乘二十餘人,六、七人成一組,在台下敲鑼打鼓,二、三人在亭內執持關刀(青龍刀),司掌船的縱橫進退,十餘人居兩側船舷,以槳快划,爭取奪標。至於福建競渡船,長度也是五、六間,寬只有一間餘,其他龍頭、龍尾、亭傘、旗幟,與台灣各地似相差無幾。

時下龍舟的製作,一般而言多採用樟木,蓋取其質輕易划,近年也有改用玻璃纖維製作的,效果不錯,也許將來會取代木造龍舟。在形式方面,則揉合上述兩種龍舟的優點,即船身一如「福建競渡船」,而以首尾製成龍頭、龍尾,兩側並畫上龍鱗,即不失龍舟之實,又具競渡船之輕巧、價廉。通常船身長九丈五尺,但也有長十一丈五尺,或短至五丈者,寬約四尺半,高一尺半至二尺,船上配上「五橈」、「七橈」、「十三橈」不等,係依長度來決定橈手的多寡。銅鑼上寫著「水仙尊王」四字,紅布長旗大多寫著「四時無災,八節有慶」或「風調雨順,國泰民安」等字樣,船員從十五六人至二十人,其中執旗、打鼓、鳴鑼各一人,餘悉爲划手。

結語

端午龍舟競渡,起源於紀念三閭大夫屈原,是我國最有意義的民俗體育,二次世界大戰後,台灣由於民生趨於富庶,加上政府及民間社團的大力提倡,把每年的龍舟比賽辦的有聲有色。奪標方式,也從早年那種漫無紀律、你爭我奪的野蠻行爲,發展成規則分明、精神重於物質的純體育活動。此外,值得一提的是,划龍舟不僅含有弔屈原的意義,更能培養一個人的團隊精神。因此,要想奪標,就必須全員同心協力,隨著鑼鼓的節奏,步調一致,決不容許有個人英雄主義存在,否則勢必遭到比賽的淘汰。

第四章／育嬰節孝佳話傳

1／稚子嗷嗷有所歸

——記清代彰化育嬰堂

溺女嬰一事，
不僅官方嚴禁，
民間亦勸戒此風不可長。
而收養女嬰爲主的育嬰堂，
對遏阻溺殺女嬰的陋習功不可沒！

孟子曾有過「不孝有三，無後爲大」的話，國人因深受儒家思想薰陶的影響，而普遍產生重男輕女的觀念。

清初的台灣，草萊初開，加上清廷又有不准攜眷渡台的禁令，墾民中的女性人口少得可憐，適婚年齡的男丁，一妻難求，所以民間遂流傳有「一個某恰好三個天公祖」的俗諺。筆者曾見過一本李氏族譜，其渡台第一世、第二世共有八名男性，竟然有五個是「無娶」而終的。

康熙、雍正、乾隆三朝，女性人口與男性人口不成比例，民間雖有重男輕女觀念，但

畢竟男多於女，比較少有溺殺（或遺棄）女嬰等行爲。自嘉慶朝以降，台灣各地貧家溺殺女嬰等問題日趨嚴重，除了官方懸有禁令外，民間也出現有《戒溺女文》等善書印送。

官方嚴禁及民間勸戒勿溺女嬰，僅是治標的作法，於是自嘉慶年間，嘉義城內就出現了一所以收養女嬰爲主的育嬰堂。此後各府縣廳治幾乎都有育嬰堂的設立。對遏阻溺殺女嬰的陋習，功不可沒！

創設的文獻記載

關於彰化育嬰堂的設立及沿革，日治初出版的《台灣私法》第一卷與二次世界大戰後出版的《彰化縣志稿》卷七〈社會志〉，均有詳細的記載，據《台灣私法》云：「彰化育嬰堂，在道光年間，由知縣高鴻飛首倡，募得官民義捐設於南門街，以抄封家屋充爲堂屋（基地在日治後充爲陸軍營地），後來經費不繼而廢。光緒七年（西元一八八一年），由知縣朱幹隆提倡再興，以地方士紳捐款及充公大小租爲經費，由葫蘆墩人陳水車、橫山莊人張佐吉、公館庄人吳科期等分別擔任董事，管收育嬰堂租穀。」

《彰化縣志稿》〈社會志〉則有云：「彰化育嬰堂，在清道光年間創立於縣治南門，以抄封房屋充作堂舍，其創立動機，係由當時本縣貧民中所生女嬰多未能養育，並時予遺棄，甚至溺斃，此種不良風俗盛行一時，知縣高廷鏡欲矯正此一陋習，遂與官紳富豪相商，捐建此一育嬰堂以資救濟。……後因經費不繼，遂至荒廢。至光緒七年時，知縣朱公純爲復興此一事業計，即自動捐俸二百元，並令秀才吳德功多方勸獎彰化及鹿港方面之紳士富豪……。此外，又將彰化城工銀補水平餘（附加稅）所生盈餘款項全部支出，俾充作該堂維持經費。……於是朱公純即以

此項巨款組成一種財團，以其中部分款項，購入線東堡、燕霧上堡、馬芝堡等處田業，並修理堂舍、擴大規模。又公推吳德功及林拔英為董事，以推行其事業。」

相關人物小考

以上二說出入甚大，幾乎是南轅北轍，令人無所適從，創建人前者說是知縣高鴻飛，

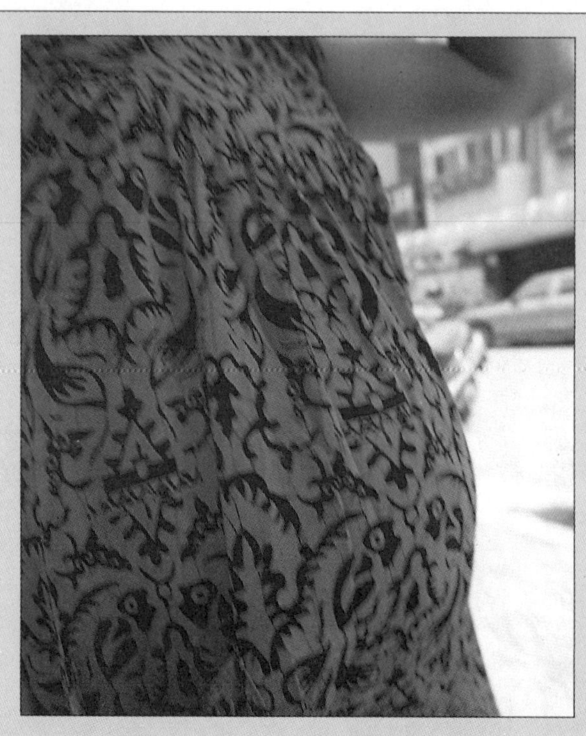

生產是生死交關的一場硬仗

每一個婦女生產，都是一件生死交關的事，所以每一個婦女無不希望順利生產，深怕不幸難產，因而胎死腹中，產婦自己也很可能就此命喪黃泉。

一般難產的種類很多，有所謂的「弄產」，即臨產陣痛數天之久而未生產者。而依胎兒生產體位的難產，有足部先出來的「倒產」、手先出來的「偏產」、頭偏一邊出來的「側產」。另外，還有臍帶糾纏的「掛數珠」難產。

不論上述難產的情形如何，因而有死產之虞的機率卻非常高。反觀，若生為女嬰就溺死之舉，無疑是泯滅良知的行為。

後者說是知縣高廷鏡。按高鴻飛（字南卿）係道光二十八年（西元一八四八年）二月由署晉江知縣調署彰化，旋即實授。二十八年十月，調署鳳山知縣。三十年（西元一八五〇年）三月由署鳳山知縣回任彰化，咸豐二年（西元一八五二年）三月調署台灣知縣，翌年即殉難於林恭之變。高廷鏡則於咸豐十一年（西元一八六一年）冬任彰化知縣，翌年春便遭免職。因高廷鏡並非道光年間的彰化知縣，加上台灣道徐宗幹所撰〈高南卿司馬行狀〉（見《斯未信齋文編》藝文四）已有「嗣奉檄返彰化本任。彰邑自前年春後，地大震，學宮、城樓皆圮。至是復次第倡捐修復。貧民有溺女者，創議育嬰堂，立條規，皆簡便易行，可垂久遠」等記載，不僅可證所謂道光年間高廷鏡創建之謬，同時更能進一步發現高鴻飛創建彰化育嬰堂的時間，是在他回任彰化知縣的道光三十年。且彰化育嬰堂之所以創立，也與「前年春後」的「地大震」有密切關係。

其次，關於彰化育嬰堂的重興年代及人物，前者說是光緒七年由知縣朱幹隆重倡，以葫蘆墩人陳水車、橫山莊人張佐吉、公館庄人吳科任董事。後者則認爲係同年由知縣朱公純重倡，以彰化城內秀才吳德功及林拔英爲董事。二說除了年代相同外，其餘悉異，那麼如何加以釐清呢？首先就知縣而言，據吳德功所著《施案記略》記載，光緒十四年（西元一八八八年），彰化知縣李嘉棠因貪酷激起施九緞之變，而於九月二十九日遭巡撫劉銘傳撤任，改以朱公純接篆，由此視之，若彰化育嬰堂重興年代爲光緒七年無誤，則可知必與朱公純無關。再就該堂董事而言，葫蘆墩爲今台中縣豐原市，橫山庄在今台中縣大雅鄉，公館庄在今台中市區，從地緣關係來看，位於彰化城內南門街的育嬰堂，其

董事人選，自以彰化城內人吳德功等較具可能性，惟此僅爲筆者「大膽的假設」，尚須足夠的史料加以證實。

關於彰化縣朱幹隆（字樹梧、一字澍吾）的任期，經檢相關史料，可知他在同治十三年（西元一八七四年）九月時，就已署理，光緒二年（西元一八七六年）九月以前被嚴參。光緒六年（西元一八八〇年），再度署理。七年三度署理，至八年（西元一八八二年）七月仍在任。光緒八年，朱氏刊印所著《兼善集》自序有云：「因藉廖匪田租，以爲書院膏火、義學、義倉、義渡經費，請於大府。……余即捐廉以倡、邦人士咸踴躍輸田租，以爲書院、義學、義倉、義渡、育嬰諸善政，得以先後興焉。」據此可知，光緒七年重倡彰化育嬰堂之知縣，應以朱幹隆爲確。

不僅朱幹隆自序《兼善集》說法如此，在吳德功所著《瑞桃齋詩話》卷三，也留有相應的記錄，說是：「朱樹梧名幹隆，湖南人，性強項，上官不能屈。甲戌知彰化縣，添設白沙書院膏火，建義渡、設義倉。庚辰重來，倡捐育嬰堂，以余董其事，自辛巳迄乙未，共活女孩五千餘口，公之盛德大矣。」文中干支，甲戌是同治十三年，庚辰是光緒六年，辛巳是光緒七年，乙未是光緒二十一年（西元一八九五年），據此可知朱幹隆捐俸倡捐育嬰堂經費在光緒六年，七年正式啓用，至二十一年因日本治台而廢，此十五年之間，彰化知縣雖歷經十八任之多（含署理、代理），但吳氏始終「董其事」，實爲彰化育嬰堂的靈魂人物。至於前引《台灣私法》所稱的葫蘆墩人陳水車等「董事」三人，筆者臆度可能只是負責收取今台中縣方面田租的「管理員」而已。至於《彰化縣志稿》所稱的另一董事「林拔英」，則似爲清末彰化城小西街富紳旌表孝子吳拔英之誤。

吳德功續籌經費

彰化育嬰堂經費，經朱幹隆捐俸倡捐，每年雖多達千金，但並不敷使用，數年以後，又由吳德功續捐，吳氏所著《瑞桃齋文稿》下卷有〈續捐育嬰費序〉一篇，茲錄全文於後，以存文獻。文云：

> 蓋聞天地之大德曰生，帝王之深仁曰育，傾巢覆卵，猶戾天知，溺女殘生，大傷風化，但相沿積習，彼昏何知，而無告窮民，下情可憫。兒身無寸縷，襁褓雖溫，母食乏朝餐，乳哺難繼，亦知門楣可作，生女無異生男，其如殘忍疊生，一誤而再誤，澆漓之故，其在斯乎？
>
> 夫極惡虎狼，物且不傷嗣息，屬於毛裏，人誰不愛子孫，而乃飢寒交迫，棄之如遺，澆薄性生，遑恤我後，恩聯骨肉，勢等寇讎，此國法有故殺之條，而冥府有相報之慘也。
>
> 彰邑育嬰堂邑令朱公倡捐鶴俸，廣勸鳩金，租雖有一千之多，而費難供全年之用。功等數年籌畫，百計圖維，斟酌章程，冀興利而除害，捐題經費，幾舌敝而唇焦。懸知供給維艱，每先集夫巨款，苟不籌謀及早，勢必弛於半途。所謂諸君好義急公，行仁布德，立人溺己溺之念，存鄰子兄子之心，多備慈航，渡盡茫茫苦海，大開生路，救回縷縷殘魂，從此福田廣積，藍玉自生，心地深培，金環獲報，是爲序。

當年參與捐輸育嬰經費的紳富，文獻無徵，姓名多告湮滅，僅可從吳德功所著書中，得到一些蛛絲馬跡，如其〈香鄰山長大人蔡司馬七秩壽慶〉一篇，有「捐助育嬰之費，幼孩全生」之句，又〈蔡樞翁山長令尊輓文〉一篇，亦有「請贖罪之黃金，添作育嬰經費」

之句，可知鹿港進士蔡德芳及蔡壽星二家，均有相當程度的贊助。

辦理情形及解散

在彰化育嬰堂的管理方面，大體與各地育嬰堂無異，即置有董事綜理一切事務，並依據乾隆三十三年（西元一七六八年）福建巡撫頒布的十條規定辦理，以防杜弊端，其要項如次：

第一條：乳婦、嬰孩宜設立腰牌，以杜冒濫也。

第二條：堂門宜常鎖禁，以嚴出入也。

第三條：乳豢宜額定兼豢，以節應費也。

第四條：乳婦宜歸單豢，以收實效也。

第五條：堂孩病故宜令醫生結報，以杜捏斃也。

第六條：支放口糧，宜設定日期也。

第七條：製給裙衫宜為預為備便，以免買用舊物也。

第八條：製給各衣宜令官辦，以杜侵漁也。

第九條：堂內各役宜定年限更換，以防勾出舞弊也。

第十條：堂內各孩年過十二歲，即宜自食其力，不得長豢

▲許多人為求得子，常向註生娘娘許願。

在堂靡費錢糧也。

除此十條上憲規定，育嬰堂本身也訂有管理章程，道光末年高鴻飛草創之際的章程不得其詳。光緒七年朱幹隆重倡時，亦有諸紳商議成的章程，因未能盡善盡美，遂由董事吳德功奉檄重擬，原文今已不得而知，據《彰化縣志稿》的轉述，歸納其主要內容包括：

經費來源——係以該堂資產所獲利潤辦理之，倘至年終猶有剩餘，即借與地方名望之家生息，並指定專人董其事。

收養對象——計分遺棄兒與聲請收養之赤貧兒二種。遺棄兒之收養手續，係經人拾後，抱送該堂，該堂即給予賞金半元，再將棄兒姓名及生辰登載簿冊（按例一般棄嬰必記其姓名、生辰於木片，懸諸項間），即交與該堂僱用之老夫婦，令其招僱乳母哺乳。手續辦妥，即以嬰兒之被服及帽庹等物、交付乳母。聲請收養者，則須經家境之調查，以委屬赤貧者為合格，其他手續與遺棄兒相同。

承領規定——不問係遺棄兒或聲請兒，凡有撮合為人之養女或嫁娶者，均酌酬給花紅費一元。承領人即給予女嬰姓名、生辰及生父母姓名、住所，俾便聯絡，該堂則將雙方資料載之簿冊，以便日後之查詢。又盲聾殘廢等嬰孩之承領人，除由該堂支給費用外，日後婚配亦特給費用，以資彌補。

嬰兒髮式——為便於識別留養月數，該堂特將嬰兒髮式規定如下：

一個月：留前髮。
二個月：留後髮。
三個月：留左髮。
四個月：留右髮。
五個月：留左右髮。
六個月：留中髮。
七個月：又留前髮。
八個月：又留後髮。

九個月：又留左髮。

十個月：又留右髮。

十一個月：又留左右髮。

十二個月：又留中髮。

一年以上：再留髮一圈以便識別經過年數。

自養補助——凡生有兒女而無力養育，亦不願交由該堂收養者，皆得申請之。除必須經調查屬實外，且須覓妥鄰保具結，月補助乳母費半元，衣帽、被服之給與與堂內收養

▲童帽。

◀金鎖片是保佑幼兒平安長大的吉祥物。（劉還月攝）

嬰兒相同，惟補助期間以一年爲限。在補助期間，住於附近者每月十日及廿五日須抱嬰兒至堂檢查，每次給予伙食費三角。住於遠地者，則由堂派專人前往視察，或委託其鄰居就便探詢，報告情況。

彰化育嬰堂的規定，固然面面俱到，但年歲既久，就難免發生弊端，甚至有領養女嬰，長大賣作娼婢者，吳德功《瑞桃齋詩稿》上卷有〈題育嬰堂〉五言古風一首，便有極詳細且沈痛的描述，詩道：

彰邑育嬰堂，歲久漸廢弛；前有朱邑侯，捐廉首倡始。後有程太守，派員嚴檢視；富户捐田租，醵貲千金靡。諸紳議章程，整然有綱紀；上書呈長官，云善未盡美。我忝與斯役，奉檄草重擬；新章錄再上，議論長官韙。長官閱新章，命我綜經理；覩彼幼嬰孩，抱棄離毛裏。呱呱徒泣啼，顛連無依倚；輾轉隨乳媼，俯仰誰怙恃。經費奈難支，逐年費不貲；民物胞與同，此事難中止。嬰孩幼無知，忍聽溝壑死；竭立強支持，給資先需己。況彼莠民多，動輒行姦軌；待女長大時，偷賣作娼婢。保甲切稽查，堂丁防奸宄；此心求所安，隨世來譽毀。更願同心人，悲憫保赤子；總辦十餘年，愼終亦愼始。

詩中有「後有程太守，派員嚴檢視」之句，按程太守即指光緒十三年(西元一八八七年)台灣建省後新設的台灣府知府程起鶚而言，程氏於光緒十四年四月，由署台南知府調署台灣府，至光緒十七年（西元一八九一年）護理台灣道。又詩末有「總辦十餘年」之句，若以朱幹隆倡始於光緒六年計之，至光緒十七年，前後共十二年，恰符「十餘年」之數，足見此時（或前一年）彰化育嬰堂已逐漸發現弊端，經知府程起鶚「派員嚴檢視」的結

果，命吳德功加以整頓，重擬章程。可惜數年後，卻因日軍據台，育嬰堂又歸停辦，前功盡棄。

日治初期，除了因經費不繼，迫使彰化育嬰堂停辦外，另一主要的原因，則是堂舍被日軍佔用，充爲陸軍營地。至西元一八九六年（日明治二十九年），日政府又將該堂財產歸入官有，並指定蔡慶舟徵收該堂在台中縣內的財產租金。西元一八九八年（日明治三十一年）七月，又以總督府指令第八三二號，將這些財產編入地方財團，從此彰化育嬰堂遂成歷史名詞，至今，甚至其堂址也尋訪無著，眞令人浩嘆！

補記

偶讀吳德功所編《磺溪吳氏族譜》，卷末收錄有光緒十五年（西元一八八九年）鹿港進士蔡德芳撰的〈誥封宜人吳母陳太夫人六旬開一榮慶〉一篇，係祝賀吳母六一壽辰的文字，其中特別提到吳德功專責辦理育嬰堂的過程，足補前稿之缺，茲迻錄如次：

> 育嬰堂一節，初舉辦時，遴選十二人輪辦，迨吳君輪辦一月，見舊章程膚廓，爰重擬一冊，朱邑侯一觀，遂將續議章程上陳，得蒙上游准獎，批續議章程周詳妥洽。朱公即舉吳君獨任其事，以專責成，迨其後，每年經費不敷至一千左右，皆吳君昆仲先行支墊，此皆載在報冊中，歷歷可據也。余與吳君友善，略知其詳。

2／淒風苦雨・一節千古

——彰化節孝祠滄桑

舊時婦女喪偶後的守貞、守節，固然已不合時宜；
但其「上事舅姑、下撫兒女」的孝行懿德，
仍不失爲現代婦女的典範，
故彰化節孝祠不僅有「昭彤管而垂來世」的價值，
也是使後人了解往時社會如何重視節孝的最好見證。

面臨拆毀噩運

彰化八卦山下公園路旁，有座節孝祠，民國八十三年（西元一九八四年）報上登了兩則消息，都與其有關，一是縣長黃石城率同民政官員、管理人、家屬、女校學生代表，舉行該祠的春季例祭；一是公園路的拓寬工程，勢將使該祠遭到拆毀的噩運，縣府爲了保存此一文化古蹟，特報請省府，期能研擬出兩全其美的辦法。

當時讀罷新聞，眞是「一則以喜，一則以懼」了，喜的是吾道不孤，該祠建逾百年，

▲彰化節孝祠創建人吳德功。

其間幾歷滄桑，至今尚能受到當道的重視，俎豆馨香，自是寓義深遠。懼的是這座全台碩果僅存的節孝祠（按：台南市雖亦有節孝祠，但附祀於孔子廟內，聊備一格而已。）一旦拆毀，將是先民所遺文化財的不幸。所幸經協調後僅拆除圍牆及使用部份庭院土地。筆者在此特蒐羅相關掌故軼聞，藉以闡微揚幽。

創建始末

彰化節孝祠，址在彰化市卦山里公園路六十四號，初建於光緒十四年（西元一八八八年）。先是同治十二年（西元一八七三年），文開書院掌教舉人蔡德芳（字薌鄰，鹿港人，同治十三年甲戌科進士，曾官廣東新興縣知縣，歸台後掌教彰化白沙書院。）與拔貢生林清源奉憲設局採訪節孝，所採訪的範圍，北至牛罵頭（今台中縣清水鎮）、東勢角（今台中縣東勢鎮），東至南投（今南投縣南投市）、埔裏社（今南投縣埔里鎮），南至沙連（今南投縣竹山鎮、鹿谷鄉）、北斗（今彰化縣北斗鎮），西至西螺（今雲林縣西螺鎮）、海豐（今雲林縣麥寮鄉）、布嶼稟（今雲林縣崙背鄉），計得節婦一百二十人，均由彰化縣儒學教諭報准旌表。

到了光緒十二年（西元一八八六年），另由當時的白沙書院山長丁壽泉（鹿港人，光緒三年丁丑科進士。）、訓導劉鳳翔、廩生吳德功（字汝能，號立軒，別號海外散人，彰化城內總爺街人，光緒二十一年貢生，日治後，設教里中，垂數十年，桃李滿門，著述極富，有《瑞桃齋詩文集》、《戴案紀略》、《施案紀略》、《讓台記》、《彰化節孝冊》、《台灣遊記》等書行世。）、主事吳鴻藻等紳士，又奉命設局採訪，得節婦一百六十人，也經學官請旌在案。嗣於十四年奉禮部核准建祠，乃由新台灣府（即台中府）知府程起鶚、彰化縣知縣李嘉棠諭令諸紳負責籌建，是爲彰化節孝祠的緣起。

建祠經費，俱由民間負擔，經蔡德芳、吳德功二人首先倡捐，接著又得吳鴻藻、職員呂賡虞（名汝玉，三角仔莊人，廩生。）等的輪財效力，因而擇地於縣城內城隍廟東側，不久工程告竣，從此「雕樑刻桷，輪奐巍然」，爲中部地區唯一的節孝祠。

彰化節孝祠落成，適逢台灣改建行省未久，彰化縣原有的行政區域，已做大幅度的變動，即濁水溪以南劃歸雲林縣，大肚溪以北劃歸台灣縣（即台中縣），埔裏社等地設埔裏社廳，而與淡水廳劃出的新縣苗栗，均轄於新台灣府。台、雲、苗、埔三縣一廳，俱屬新置，一切設施還未上軌道，當然節孝祠亦都告闕如，以致各廳縣的旌表節婦，乃盡入祀於此，而使得彰化節孝祠又有「中部節孝祠」的別名。（按：目前彰化節孝祠內牌位，似無苗栗縣籍節婦。）

遷建八卦山下

光緒二十一年（西元一八九五年）乙未，日本治台，陽曆五月二十九日，日軍自澳底登陸，義軍節節敗退，至九月八日，八卦山

失陷，翌日彰化城破。由於戰況極爲慘烈，許多建築物都遭到波及，節孝祠當然也無法倖免。當時節孝祠被破壞的情形，據吳德功的描述：「祠中木龕、前後門扇，蕩然一空，尤幸祠宇堅牢，幾經風雨剝蝕，廟貌依然無恙也。」（見吳著《彰化節孝冊》序），可知經過此次戰火的洗禮，祠中牌位散佚殆盡，已達名存實亡的地步。吳德功等耆老，乃於西元一九〇〇年（日明治三十三年），向彰化廳長須田綱鑑提出重修的申請，經核准後，遂將道光《彰化縣志》所載，以及同治、光緒兩朝請旌的節孝姓氏，重登神牌，並每年舉行於春秋二季。

此次的重修，日人爲收攬民心，不久，就由彰化廳長須田及法院長宇野，先後親臨祭祀，並贈金五圓充當祭費，同時並命女校學生參加與祭，著爲成例，至今彰化縣政府的例祭，仍沿襲此一傳統。

▲彰化節孝祠有「中部節孝祠」之稱。

「邑主姑娘」劉滿姑

彰化城隍廟樓上，右側供奉有尊女姓神像，寫著「邑主姑娘」，所謂邑主姑娘，指的就是乾隆五十一年（西元一七八六年）林爽文之變遇害的攝理彰化知縣劉亨基的女兒劉滿姑，滿姑是湖廣湘潭人，「年十七，隨父任」，乾隆五十一年，彰化縣城破後，投水自殺不成，被擒，因「罵賊益厲」，被「怒而支解之」。後「奉旨優褒，欽賜祭葬，著於原籍建坊旌表，仍飭台灣守令，於郡邑列女祠，設立致祭。」事見道光《彰化縣志》。筆者查過手頭的一部光緒十五年（西元一八八九年）刊本《湘潭縣志》，在列女部份，已毫無劉滿姑的紀錄，可見湘潭人早就給淡忘了，反倒是她死難地點彰化，不但據縣志所載入彰化節孝祠，甚至還塑像崇祀，香火千秋。

西元一九二三年（日大正十二年），日本當局為消弭台人的故國之思，而別有居心的施行所謂「市區改正」，雷厲風行的結果，不計其數的寺廟、園邸、書院、衙署，都遭到了空前的浩劫，從此消失於人間。彰化城內的節孝祠，也在「街道改造，城東舊址，適當

其衝」的情形之下，亟待拆建。幸當年創建人之一的宿儒吳德功仍然健在，且素孚人望，乃又毅然負起遷建的重任。

吳氏承辦後，乃商請楊吉臣、吳鸞旂、賴長榮、林耀亭等紳士出任董事，並且呈稟台灣總督府，請劃彰化公園一角，作爲遷建地基。其弟吳汝俊、姪吳上花、吳大鎮又邀得陳懷澄、陳鴻謨、陳翠南等同志者，分頭募捐，旋經張玉書、賴應華、楊偉修、吳士禎、吳茂樹、楊以專、翁汝登、林連池、王義貞、甘木生等地方有力人士的贊襄，計得款八千圓，而擇吉展開遷建事宜。大體上新祠仍仿照舊祠而建，淺深廣狹，一如舊貫，花費約略與募得的款項相同，時在西元一九二四年春。當時進士蔡德芳的第三公子蔡穀仁貢生，居於廈門鼓浪嶼辦學，曾應同鄉陳懷澄之請，於三月間撰書〈重建中部節孝祠碑記〉勒諸貞珉。

節孝旌表程序

節孝祠的崇祀，顧名思義，係以接受官方旌表的節孝婦女爲對象。不過，「節孝」一詞，僅是籠統的稱呼，其間還有許多的區別，都得視守節的情形而定，通常歷代方志多將列女分成貞、孝、節、烈四大類，然後再分出各種名目，關於這些細節，茲舉光緒《鳳山縣采訪冊》所附錄的「台灣纂修通志總局采訪貞孝節烈婦女旌表事例」爲例，餘可概見，該「事例」有云：「一、列女分貞、孝、節、烈四種名目。女曰貞，婦曰節。孝者，婦女善事其父母、翁姑也。烈者，婦女慘遭不幸，奪不顧身也。……一、女未字在母家守貞者，曰貞女。已字未嫁而夫死，遂赴夫家守貞者，曰貞婦。女家無男子，女自誓在家守貞，奉養父母終老者，曰孝女。出嫁孝養舅姑代替危難，婦代夫危難者，均曰孝婦。夫死守節、

孝養舅姑、撫孤成立者，或無子而守節終養者，均曰節孝，凡節未有不孝也。不論妻妾，但年三十以前夫死，而守節至五十歲者，或年未五十身故，其守節已及六年者，均曰節婦。一、夫死以身殉夫者，曰烈婦。遭遇盜賊強暴捐軀殉難者，婦曰烈婦，女曰烈女。……凡婦女貞而兼孝者，曰貞孝；兼節者，曰貞節；兼烈者，曰貞烈，節而兼孝者，曰節烈，各隨其事實變通辦理可也。」

至於烈女報請旌表的作業程序，非常繁複，首先須由當地士紳造明節婦履歷表十三通，每通的內容包括居何里鄉及里鄉的戶首（相當於今之村里長）姓名、舉貢生監等保認士紳的姓名，貞孝女須載父母名氏，有無許字，已許字者，須載字某姓；貞節烈婦則須載夫名，孝婦兼載舅姑名氏。以次便是某年于歸，某年夫卒，計守貞、守節若干年，現存年若干歲，有子幾人，或無子、或撫子，如子孫有得科名仕宦的，亦應詳載……林林總總，可以稱得上是巨細靡遺了。

履歷表造妥之後，每通又須粘左右鄰及族長的甘結各二通，其次則經由縣學教諭往上呈報，其層層彙轉的情形，據吳德功《彰化節孝冊》云：「……每名節婦，將節婦履歷造冊十三通，每通粘左右鄰及族長甘結各二通，送入教官用印，留一通在署存案，再送

▲彰化節孝祠的「天朝旌表」石碑。

入知縣用印，亦留一通，然後送到知府及台灣道各用印，留冊一通，再送上省城學台、布司、按司、督、撫各衙門用印，再送上北京禮部，請皇上批准，將冊一通批回，准其在地建祠。春秋地方官致祭，若欲自建石坊者，得向該地知縣領銀叁拾元。」

歷次入祀紀要

由上文可知貞節婦女，只要達到法定的標準，且經官方旌表的，不論存歿，均有入祀節孝祠的資格，兩者之間的分別，僅在於現存者稱祿位牌，已故稱神位牌而已（按：係以入祀時為準）。

彰化節孝祠建於光緒十四年，所入祀的牌位，包括《彰化縣志》所載的節烈婦汪門雙節（姑劉氏、婦余氏）等八人，及節孝婦曾洪氏等三十五人。同治十二年，紳士蔡德芳、林清源所採訪的已故烈婦彰邑生員陳玉花妻鄭氏等二人、已故貞婦下板莊楊舒益妻方氏等三人、已故節婦鹿港王廷光妻等六十九人、現存節婦鹿港王德露妻余氏等五十人，合計一百二十四人。光緒十二年，紳士丁壽泉、劉鳳翔、吳德功、吳鴻藻所採訪的已故貞婦林圯埔吳茂水妻石氏等二人、已故烈婦鹿港庠生林錦裳妻施氏等二人、已故節婦彰邑吳文捷妻高氏等六十五人、現存節婦彰邑吳媽成妻曾氏等一百零三人，合計一百七十二人。另附祀道光二十八年（西元一八四八年）旌表的大甲街貞婦余榮長未笄妻林氏一人。

以上的牌位俱毀於乙未抗日之役，至西元一九〇〇年重修節孝祠時重登神牌。《彰化縣志》所載部份，祀於祠中上層中央神位牌，同治間旌表者，祀於祠中上層左右神位牌，光緒間旌表者，祀於上層左右兩端神位牌，大甲余林氏，祀於下層中央神位牌。

西元一九〇二年（日明治三十五年）彰化廳長須田綱鑑，經紳士吳德功、吳鸞旂、周連山、楊吉臣之請，准予表彰已故貞烈婦霧峰林資鍠未笄妻楊氏一人、已故節婦霧峰提督林文察妾許氏等三人、已故烈婦彰化南門世南金妻張氏一人，合計五人，是爲彰化節孝祠第二次的入祀，俱設位於下層中央神位牌。

西元一九一五年（日大正四年），經台灣總督安東貞美表彰現存節婦彰化南門顏火星妻陳氏等三人。西元一九二二年（日大正十一年），經台中州知事常吉德壽表彰現存節婦北斗郡埤頭庄吳俊發妻陳氏一人，以上除顏火星妻陳氏祀於下層中央神位牌，餘俱祀於下層左邊祿位牌。

西元一九二四年（日大正十三年），紳士吳德功、楊吉臣、陳懷澄、林耀亭、吳上花等，鑑於節孝祠遷建竣工，乃再度採訪貞孝節烈，範圍包括整個台中州（即今中部四縣市），經呈請台中州知事常吉德壽表彰，計有現存節婦霧峰林儀卿繼室莊氏等五十二人（以上祀於下層祿位牌）、已故節婦豐原郡潭子庄林開盛妻游氏等十四人（以上祀於下層中央神位牌）、現存節孝婦台中市林鍊妻何氏二十六人（以上祀於下層左祿位牌）、已故節孝婦豐原郡潭子庄呂漳秀妻蘇氏等十四

▲日治時期的彰化節孝祠。

人（以上祀於下層中央神位牌）、現存貞節婦蔡少鰲未笄妻陳氏一人（以上祀於下層左祿位牌）、已故大屯郡北屯庄貞節婦劉哖未笄妻賴氏等二人（以上祀於下層中央神位牌）、已故烈婦彰化南門李雅歆妾陳氏等三人（以上亦祀於下層中央神位牌），合計一百一十二人，爲日治以後入祀人數最多的一次，也是彰化節孝祠最後一次的入祀。

二次世界大戰後，雖然仍有人提出入祀的申請，但當局以時代風氣已異，婦女的再醮（再嫁）也無可厚非，故未便再行核准，於是貞、孝、節、烈等列女名目，自此而成爲歷史的名詞了。

天朝旌表石碑

今祠前的樹蔭底下，立有一方高大的古碑，碑文鐫云：「皇淸。奉天朝旌表殉難義婦汪門劉氏、從死孝婦媳余氏。乾隆三年臘月穀旦立。」這是爲紀念雍正年間的「汪門雙節」而立的，勒石於乾隆三年（西元一七三八年）十二月。

「汪門雙節」的事蹟，據道光《彰化縣志》卷八〈人物志〉云：「汪門雙節者，邑民汪家姑婦也。姑劉氏、婦余氏，素慈孝。雍正九年（西元一七三一年），大甲西番作亂，焚殺居民。姑急告婦曰：『義不可辱，當各自爲計！』語畢遂自刎。婦方抱屍而泣，逆番猝至，遂觸垣死。乾隆三年旌表，勒碑東門。」

此碑本立於彰化縣城東門（樂耕門）內，西元一九二四年，隨節孝祠的遷建，而移至現址，幸能保存至今，否則恐怕早付諸灰飛煙滅了。

結語

道光《彰化縣志》有論云：「然國家定制，惟節孝方得請旌入祠，而烈女弗與焉。……

蓋所貴乎節孝者，謂其矢志守貞，上事舅姑，下撫兒女，各盡其志以慰九泉，故能生受旌表之榮，歿享春秋之祭，節婦之有裨於世教也大矣。……若乃變生不測，而捨生取義，不爲強暴所汚者，亦知貞節以自守也。苟或舅姑猶在，嗣續宜謀，而乃激烈一時，以從夫於地下，斯亦賢之過矣。故殉亡不如撫孤，人當勉爲節婦，而從容以就義；愼勿爭爲烈女，而慷慨以赴死也。」在當時的社會環境，這段話確爲一針見血之論，故清廷雖極力旌表節孝，而於未遭逼迫即行殉節的烈婦烈女，不僅不得與旌，且亦不准入祠。今統觀彰化節孝祠所祀，已稍違體制，不過誠如前賢所云：「並及烈婦，則推恩於格外，以嘉其義烈也。」（《彰化縣志》語），死者已矣，貞魂烈魄並祀，也無傷大雅。

其次，忠孝節義，素爲我國社會所重視，自漢劉向撰《列女傳》以後，歷代正史及各地方志，幾乎都有貞孝節烈的婦女傳記，彰化節孝祠的建立，便是承此遺風。當然，在二十世紀的今日，舊時婦女喪偶後的守貞、守節，固然已不合時宜，但其「上事舅姑，下撫兒女」的孝行懿德，仍不失爲現代婦女的典範，故彰化節孝祠不僅有「昭彤管而垂來世」的價值，也是使後人了解往時社會如何重視節孝的最好見證，甚願有關單位能予設法保存，庶不負前賢經營的一番苦心。茲錄該祠初建時楹聯（按：不署作者姓名，似爲宿儒吳德功手筆），作爲本文的結束，聯云：「合台、彰、苗、雲，共隆祀典；統貞、孝、節、烈，同沐旌褒。」「辛苦畢一生，問老天何窘節婦？烝嘗垂萬載，願斯世勉作完人。」「綸綍降殊恩，信吾道有先於地；冰霜留萬載，對此心不負所天。」

3／禱雨如神‧澤潤萬民

——大甲貞節坊瑣記

有人說貞孝節烈等當年婦女的美德善行，都是士大夫們所加意促成、極力宣揚的，其中更包含不少「血淚斑斑、慘絕人寰」的史實。綜觀余林氏一生的事蹟或許已不合時代潮流，但其純孝懿行，仍不失爲現代婦女典範。

台中縣大甲鎮市區縱貫公路旁的三角公園內，有座著名的古蹟——余林氏貞節坊，不僅爲台灣中部碩果僅存的石坊，同時也是清代台灣唯一的貞節牌坊。台灣現存的石坊，約有十餘座，除此坊暨少數別有用途者（如台南泮宮坊、接官亭坊、台北急公好義坊、新竹孝子坊）外，餘均爲節孝坊。

關於貞節與節孝婦女的定義，據光緒二十年（西元一八九四年）台灣纂修通志總局所開列的〈采訪貞孝節烈婦女旌表事例〉有云：「（女）已字未嫁而夫死，遂赴夫家守貞者，曰貞婦。夫死守節、孝養舅姑、撫孤成立者，

或無子而守節終養者，均曰節孝，凡節未有不孝也。不論妻妾，但年三十以前夫死，而守節至五十歲者，或年未五十身故，其守節已及六年者，均曰節婦。」又云：「凡婦女貞而兼孝者，曰貞孝；兼節者，曰貞節。……節而兼孝者，曰節孝。……。」貞節婦既屬未過門而守節者，雖在封建時代的舊社會裏，亦頗難能可貴，故清代台灣的各種方志（包括采訪冊）之中，列女部門的節孝婦人數，多達數千人，而貞節婦寥寥無幾，更何況余林氏以十二齡夫歿，事姑撫子（螟蛉子），「苦節爲吾台僅見」（林占梅語），實集貞、節、孝於一身，並親受建坊旌表的殊榮，可算絕無僅有的了，誠如竹塹林占梅在《潛園琴餘草》所稱的：「重計東瀛節孝坊，我姑之外餘五六，僅有我姑貞孝坊，節孝貞能三字讀」（見〈族姑余母貞節孝詞〉）。

此坊建於清道光二十八年（西元一八四八年），係爲旌表淡水廳大甲街余榮長未笄妻林氏春娘貞孝而立的，至今已歷一百餘年，不僅仍屹立無恙，甚至民間更尊稱爲「貞節母」或「貞節媽」而諱其名，據說塑像祀於鎮瀾宮內，與該宮的媽祖婆以及鐵砧山的國姓爺，並列爲大甲地區（包括大安、外埔）的三位守護神，由此可見其受敬重的一斑

▶清代台灣唯一的貞節牌坊——余林氏貞節坊。

了。因余林氏的事蹟，對於年輕一輩而言，已逐漸陌生，筆者不文，爰蒐羅相關史實、傳說，略加排比、探討，用誌景仰之意。

貞孝流芳

余林氏，諱春（按：一般文獻史料俱寫作「春娘」，然娘字爲舊時對單名婦女的通稱，此由各方志所列數千節婦之名可證，志中除極少數雙字名外，俱稱某娘。故日治間櫟社詩人蔡子昭所撰碑記，即逕作「諱春」而不稱「春娘」。至於民國四十年——西元一九五一年，鎮瀾宮執行委員會所撰碑記，則改稱「林春媽」，此亦可爲「娘」字非本名之一證也。），大甲中莊人，乾隆四十四年（西元一七七九年）生，其生平傳記，最早載於道光中葉由鄭用錫所輯的《淡水廳志初稿》，同治六年（西元一八六七年），淡水同知嚴金清延金門舉人林豪續修《志稿》十四卷，亦當有傳，惜二稿至今並皆不存。同治十年（西元一八七一年），同知陳培桂乃就「林稿」點竄、續貂，刊行《淡水廳志》，則在卷十列傳四列女門貞孝目之下，首列〈余林氏傳〉，雖傳末註明係採自「鄭稿」，但細按其內容，卻已出現同治年間紀事，可見此傳實襲自「林稿」，而陳氏諱言故也。茲錄傳文如次：

林春娘，大甲中莊光輝女，七歲爲余榮長養室。乾隆己酉，夫年十七，赴鹿經商溺死。時舅歿姑在，無別子，晝夜哭之。氏年方十二，未成婚，願終身代夫奉事，不他適。姑目疾幾瞽，以舌舐目，焚香虔禱，未半載而愈；姑復拘攣，日侍床蓐，沐浴浣濯，甘旨躬親。及歿，哀毀逾常。家貧，勤紡績，撫養族子爲嗣。旋歿，再立之。娶媳後，又歿。乃偕媳撫幼孫，道光十三年旌。同治元年戴逆亂，屢犯大甲，城中水道絕，氏禱之，遂

雨，凡旱經禱亦然。三年卒，年八十六。媳巫氏，亦以節稱。

其次，連橫著《台灣通史》卷三十五〈列女列傳〉，亦為余林氏立有專傳。此外，西元一九三五年八月，蔡子昭撰〈重修貞節坊碑記〉的前段，亦有傳記，惟內容均大同小異，且不出《淡水廳志》的範圍。

至於余林氏之夫的死因，諸家傳記均未詳載，僅稱其「赴鹿經商溺死」，寥寥數字而已，惟據林占梅《潛園琴餘草》所載〈族姑余母貞節孝詞〉一詩，可略知梗概，有云：「駭浪橫吞兮片板沉，颶風怒掣兮孤舟覆：余家有子聰明郎（原註：名榮春，時十六歲），貿殖經營往彰鹿（原註：彰邑鹿港街，為台地大口市。時值械鬥，故從海道歸）。」詩中余榮長之名寫作「榮春」，當為筆誤或手民誤植，可以不論。

又余榮長的死亡作「時十六歲」，與其他史料作「年十七」互異，但余林氏以十二齡而守節一事，諸家（包括林詩）均無異詞，故能確定余榮長歿於乾隆五十五年（西元一七九〇年）。從林詩及其夾註來看，此年余榮長往鹿港經商，因受到漳泉分類械鬥的影響，乃由海道歸，不幸遇到颶風，終於舟沉人亡。但筆者經檢閱道光中葉周璽纂修的《彰化縣志》，卻無相應的紀錄，該志卷十一〈雜識志〉的兵燹門，無乾隆五十四年（西元一七八九年）至五十九年（西元一七九四年）間的紀事；災祥門在乾隆五十四年至五十九年九月間，亦無颶風或大風雨的紀錄。

因此據筆者度之，乾隆五十五年的分類械鬥，容或有之（因規模不大，易為方志所略），但舟遇颶風之事，則倒未必，蓋林詩屬事後追記，且中間相隔數十年，其說或許是出自想像也未可知（這點正是詩人們的通病）。若

然，那麼余榮長的覆舟慘劇，當爲觸礁、超載、漏水或其他人爲因素所致。

又余林氏守節後「撫養族子爲嗣」，此子之名，亦不見於諸家傳記，僅林占梅〈族姑余母貞節孝詞〉有「之死靡他向天祝，遂將宗子作嗣男」之句，並註云：「子名致祥」，然余林氏先後撫有二子，長子夭折，似爲致祥。次子娶婦生子後亦歿，即節婦巫氏之夫，惟其名不詳。

傳中又謂余林氏於「道光十三年旌」，也有詳加說明的必要，考淸代旌表列女的作業程序，極爲繁複，且層層節制，就台灣而言，據吳德功《彰化節孝冊》云：「每名節婦，必將節婦履歷造冊十三通，每通粘左右鄰及族長甘結各二通，送入教官用印，留一通在署存案，再送入知縣用印，亦留一通，然後送到知府及台灣道各用印，留冊一通，再送上省城學台、布司、按司、督、撫各衙門用印，再送上北京禮部，請皇上批准，將冊一通批回，准其在地建祠，春秋地方官致祭，若欲自建石坊者，得向該地知縣領銀叁拾元。」而余林氏之呈報旌表，起於道光十二年（西元一八三二年），至十六年（西元一八三六年）始「蒙准旌表、建坊入祠」（按：據〈貞節坊捐題碑〉，詳見下節），但這段期間，已經過淡水同知、台灣知府等地方職官的用印批准，故而先行頒獎。

道光十三年（西元一八三三年），分別由台灣府知府周彥、淡水廳同知李嗣鄴頒賜旌額，後並鐫於坊上，但不知何故，李嗣鄴之名卻被誤爲曹謹（按：曹謹係於道光二十一年七月二十六日，由鳳山縣知縣陞任淡水廳同知，豈能在道光十三年旌表余林氏。且坊上的職官題名，也是周彥、李嗣鄴並列，可證李、曹之張冠李戴）。文曰：「道光拾叁年拾月□日給。性貞守篤。陞授金紹台道知台

灣府事周彥立。」、「道光拾叁年拾月□日給。貞節可風。特陞知府同知淡水廳事曹謹立。」因有道光十三年的旌額可考，故《淡水廳志》的余林氏傳稱「道光十三年旌」，並無問題，但《台灣通史》據此改寫為「道光十三年奉旨旌表」，就有待商榷了，因為「奉旨」是道光十六年事，兩者不能混為一談。蔡子昭撰〈重修貞節坊記〉亦據以宣稱「是坊建自有清道光十三年」，錯的更為離譜。

建坊始末

前引《彰化節孝冊》敍述，不僅在說明清代旌表節婦的程序，同時由於公家所撥建坊經費僅有象徵性的三十元（當時建坊的「市價」在千元以上），更反映了一項事實，即節婦本家若非富戶巨室，幾乎都無法建造牌坊，當然余林氏因生前禱雨輒降「城人禮之若神」（《台灣通史》語），情形特殊，自另當別論。

據道光二十九年（西元一八四九年）十二月，由歲貢生候選訓導魏紹華所撰的〈貞節坊捐題碑記〉，余林氏早在道光十二年，即經鄉紳劉獻廷（字集璜，號修堂，淡水蛤仔市尖山莊人，道光十四年甲午科舉人，大挑二等。）呈報請旌，但以層層轉報的緣故，遲

▲新竹李錫金孝子坊。

至十六年，才經清廷降旨准予建坊旌表。

道光十六年，余林氏雖奉旨建坊入祠，然余家窮困，並未能立即施工，後來其姪余智信亦按例奉曹姓淡水同知（按：道光十六年至二十九年間，淡水廳的曹姓同知有二，一爲曹謹，二十一年任，一爲曹仕桂二十七年任。據林占梅〈族姑余母貞節孝詞〉有云：「曹、黃二公重倫彝，婦德歷陳申憲牘」原註：「曹公仕桂、黃公開基」，似指曹仕桂而言。）文移，赴廳署親領坊價三十元，但當時建坊石材均須購自內地，且大甲港小，轉運維艱，致經費百不及一，需賴各界捐助。

道光二十八年，職吏張綱任職大甲，獲悉上情，乃稟於淡水同知黃開基，並得黃氏捐銀五十元爲倡，發起募捐，旋得竹塹富紳林占梅首先響應，捐銀一百二十元以助（按：林詩作「三百金」似爲銀元與銀兩折算之差），結果各方捐款極爲熱烈，共得銀一千二百餘元，其中尙包括即補道林國華一百二十元、艋舺營水師參將蘇斐然三十元、署大甲巡檢張紹裘十二元、署大甲中軍守備鄒若陞六元、學正堂謝振聲一百十五元、監生林光國一百十二元、舉人林廷鳳五十五元、候補縣正堂林逢泰二十元、儒學正堂陳嘉猷二十元、捐理張綱五十元、監生盧世忠七十元、直隸州江作和十二元、生員陳維菁二十元、舉人高國瑞二十四元、大甲街文炳社四十八元、大甲街拔英社六元、監生王如松二十元、益仁堂二十元、職員陳大濱二十元等官紳、社團的捐款。

經費的問題獲得解決，旋由捐理張綱獨力肩負籌劃的重任，就在這年雇工開雕，建坊於大甲街南門外的通衢上，經數月而告竣工，從此華表矗立，楹帖燦然，行人往來其下者，無不聞名生敬，而大甲地區的婦女們，更引以爲榮，而奉爲典型。

當年建坊時的困難情形，在林占梅的〈族姑余母貞節孝詞〉中，也可略知一二：「首倡捐資助建坊，艱難海運稀艫舳。德可感神非偶然，無端巨石浮溪澳。」註云：「曹、黃二公捐俸金各數十，余首助三百金以成之。」、「坊石須內地載運，每柱長丈餘，數千觔，千餘金立一坊，數年不能報竣。」、「時溪邊突起一石，適符坊料之用」。

關於貞節坊的興建，民間至今還流傳著這麼一段小故事，據說當牌坊將近完工時，只剩頂上那塊刻有雙龍拱聖旨的石材，可是工匠們想盡了辦法，怎麼也嵌不上去，只好到余家詢問。原來余林氏平日棄絕鉛華，連足跡都不出門庭，偶爾買些針線，都由窗口隔著布簾向「賣雜細」的貨郎購買。

某日，有位「賣雜細」的，生性輕薄，趁著交易的機會，在其手上摸了一把，余林氏在受驚之餘，就咒著這位「賣雜細」的將來不得好死。後來聖旨石刻終於嵌了上去，說也奇怪，「賣雜細」的竟然無端的暴斃了。

此一傳說雖屬齊東野語，不足憑信，但在林占梅〈族姑余母貞節孝詞〉詩的夾註裏，卻有如下的記載：「初立時，坊勢欹斜，無不失色，及節母下拜，立時平正，衆皆喝彩。」從這裏似乎可以得到一點印證了。

大體說來，余林氏貞節坊有幾點「特色」，茲分述如左：

⑴建坊經費出自募捐。前文說過，節婦的建造牌坊，因地方政府僅補助象徵性的三十元，餘均由本家自理，以致家境窮困者無法建坊。而余林氏坊卻由地方首長出面募捐，捐款者包括淡水境內各階層人士。

⑵年月紊亂。坊的正面（北面）橫書「旌表故民人余榮長未弃妻貞女林氏坊」，款書「道光戊申年季冬月立」。此外，又開列了上至閩浙總督下至淡水廳儒學的姓名（含背

面），計有閩浙總督劉韻珂、台澎兵備道徐宗幹、台灣府知府史密、淡水廳同知黃開基、淡水廳儒學王承緯（以上鐫於北面）、閩浙總督程祖洛、福建巡撫魏烱、福建學政張麟、福建布政使張青選、台灣府知府周彥、淡水廳同知李嗣鄴、淡水廳儒學方岱（以上鐫於南面）。

戊申年季冬月，是道光二十八年十二月，正符此坊的建造時間，北面所鐫的職官姓名，也都是當時仍在任的，而南面所鐫的卻都是道光十三年前後的職官，而成爲他坊罕見的特色，且左右兩方橫額，也分別出現「道光拾叁年拾月日給」的字樣，這可能因

大甲人奉「貞節媽」祈雨

民國八十年，到大甲杜宅拜訪，從當時已九十六高齡的杜清媳婦口中，聽到了不少掌故。她是清水望族蔡家「三老爹」的女兒，據說林春媽就住在杜宅（今杜宅已拆除）旁的巷子內。她除了告訴我建貞節坊時，有「一枝手」石材裝不上的故事之外，還講了一些大甲的祈雨方式，他說林春媽生前以求雨出名，死後大甲街人奉之爲神，稱爲「貞節媽」。每當大甲天旱必須求雨時，援例必請出貞節媽神像，在街中設壇，祭畢，沿街遊行。以一人挑水一擔，用榕樹枝沾水往兩邊灑，並且以淒厲的語調，不斷高喊：「乞雨救萬民哦！」隨行的民衆，也必須披蔴帶孝，以示誠敬。假如求雨有驗，甘霖普降，事畢就會重裝貞節媽金身，叩謝庇佑。

建坊的時間拖得太長，而採取的權宜之計。

⑶文字疏誤。台澎兵備道徐宗幹之名，鐫於正面的現職官員之列，但卻誤鐫爲「徐楨幹」，可能是因徐宗幹字伯楨的緣故，而有此誤。另左右所鐫「道光拾叁年拾月日給」的橫額，卻出現道光二十一年（西元一八四二年）就任同知的曹謹之名，也是件極爲顯然的疏誤。

⑷坊柱四面俱鐫文字。通常所見的石坊，都只在正反兩面鐫有對聯，但余林氏坊不僅坊本身的石柱，每枝俱四面鐫刻對聯，甚至連前後護欄的柱子，也不例外，乍看之下，全坊俱爲密密麻麻的文字所籠罩，而造成外觀上的一項特色。爰錄數聯如下，淡水同知黃開基云：「失偶未冠笄，夫貞如兄，七一歲君心依然處子；于歸當襁褓，姑以爲母，十二齡矢志竟至終身。」大甲巡檢張紹裘云：「矢志清貞，當日未笄九牧女；冰心操節，此時旌表十閭天。」未署名者云：「矢貞爲千古格言，可風者，生小未同衾，以處子而完大節；行孝實一身秉性，尤苦者，從容能守義，是天心豈遽終亡。」又云：「悲黃鵠之無窮，尤嘆十齡餘，所天已失；頒紫鸞之異數，應知百歲後，入地猶榮。」

禱雨傳奇

余林氏生平事蹟，除以貞孝感人外，最爲膾炙人口且充滿神秘色彩的，莫過於禱雨一事了。不僅生前屢禱屢應，甚至百年後，大甲地區民衆奉神像禱雨，也是其應如響，眞是令人不可思議。

余林氏畢生禱雨不計其數，文獻可稽者，最早始自道光三十年（西元一八五〇年），即建坊竣工之翌年，據林占梅〈族姑余母貞節孝詞〉一詩的描述：「次年苦旱過夏初，四野焦枯傷黍菽；官民叩籲總無功，面面相覷

額頻蹙，咸請我姑出禱祈，千人萬姓同匍匐；我姑節操凜冰霜，豈有元冥不聽服；歸途衣袂盡沾濡，幾日淋漓失平陸；頻年數出應同前，風伯雨師相隨逐；共道雨如藏袖中，抖袖登時紛脈沐；由來節孝眷兩間，故爲我姑揚芬馥。」考林氏此詩成於咸豐五年（西元一八五五年），而詩中又有「頻年數出應同前」之句，可知道光三十年至咸豐五年之間，余林氏又禱雨數次，惟缺乏相應的文獻記錄。

同治元年（西元一八六二年），戴萬生起事抗清，圍攻大甲土堡，八十四高齡的余林氏三出禱雨俱應，不但得甦民困，甚且激勵士氣，終於反敗爲勝，而保全大甲居民的性命財產。據林豪《東瀛紀事》一書的記載：「……（同治元年）五月，竹塹總局林占梅遣勇首蔡宇帶勇四百名，同歲貢生陳緝熙赴大甲。……遂復大甲。……（王）和尚偵官軍無多，不從。初六日，糾衆來犯，節婦余林氏禱雨，雨隨降。……二十一日，共萬餘賊復圍大甲，水道爲賊所斷，城中絕汲數日，節婦余林氏復出禱雨，並齋戒禱天，願賊早退；時賊壓城，而官軍居上風，轟擊幾不支。忽大雨反風，濠邊草屋失火，賊之據其中者皆驚潰。張世英登城擊鼓，羅冠英急擊破之，大甲圍解。……十一月初十日，戴逆復犯大甲。……時水道屢斷，民皆飲溝水，垂罄，幸節婦余林氏三出禱雨，雨降，士氣倍奮。」另彰化歲貢生吳德功（立軒）《戴案紀略》所記略同，茲不贅述。

戴萬生黨徒三圍大甲，皆不得逞，余林氏

▲余林氏貞節坊上「聖旨」二字。

的三出禱雨，實有決定性的影響。三出禱雨一事，以今日的科學眼光來看，或許要被認爲是無稽之談，但前賢對此的看法，卻是見仁見智，足以發人深省，據吳德功云：「余林氏之禱雨，而雨立降；官禱之不應，獨氏禱之立應，是天之欲全大甲，即所以彰節婦之功也。苟其不然，則萬民塗炭，不知凡幾，節婦之功，不亦偉哉！宜其萬古而不湮也。」

連橫亦云：「吾讀《東瀛紀事》載大甲林氏禱雨之事，甚奇！吾以爲藉作士氣爾，繼而思之，至誠之道，可以格天，桑林之禱豈虛語哉？是愚者可以生其智，弱者可以振其勇，訥者可以伸其辯，昧者可以張其明，補天浴日之勳，固人所能爲也，然非林氏之貞孝，則不可對鬼神，況可邀倖萬一哉。」按連氏所引喻的「桑林之禱」，係出自《淮南子》，商湯禱旱於桑山之林的典故。

以上的禱雨紀錄，皆發生在余林氏在世時。西元一九三三年，全台各地旱魃爲災，大甲地區尤甚，人們在焦慮之餘，而想起了過去曾以禱雨聞名的「貞節媽」來，於是地方人士乃奉「貞節媽」神像，築壇祈雨，在第三日，果然大雨滂沱，民衆歡聲雷動，對於「貞節媽」的信仰，愈爲虔誠，時距余林氏之歿，已達七十年之久。

滄桑無恙

道光二十九年，余林氏坊建成，屹立於大甲土堡南門外的通衢上，至日治間，因年久失修，風雨侵蝕，幾淪於礪角敲火之列，地方有心人士頗以爲憂，適逢一九三三年，大甲地區奉余林氏神像禱雨得應，於是有李闊嘴者倡議重修，並邀集大甲、大安、外埔等街人士共襄此舉，即以祈雨募捐所剩餘四百五十元，另購坊地一處，價五百九十元，其不足的部份，則由李闊嘴、李塗、周喜、林

炳焜等人分攤，又因土地係捐贈給大甲街役場，遂由大甲街費中撥出一千元，作爲重修的費用，工事開工於西元一九三五年陰曆四月，至八月始告竣工，是爲大甲貞節坊首次的整修。

民國四十年，貞節坊的環境，又歸荒蕪，乃由大甲鎮瀾宮執行委員會出面整頓，四周築以短牆，並由附近攤販所組成的「露店公會」捐贈花木、大門。十月，工程蕆事，鎮瀾宮執行委員會因「東門義路碑」毀壞，而重雕新碑立於園內，碑末並附鐫〈重修貞節坊記〉云：「大甲南門貞節坊，所以紀念林春媽之貞節也，其一生行誼，俱載于前之碑記，無煩重述，茲因年久傾頹，且以周圍荒蕪不整，有失觀瞻，爲保存古蹟，僉議重修，乃就故址更張，圍築牆，於今煥然一新，足資古範，工成並爲文以記之。」

然此次的整修，也未能長久的維護，猶記民國六十三年（西元一九七四年）的中元節，筆者專程到大甲憑弔余林氏貞節坊，當時牌坊所在地的三角公園內，一片荒蕪，數通珍貴的古碑，也幾乎被雜草所掩沒，並且大門深鎖，但以弔古心切，只好冒險越牆而入。民國六十四年（西元一九七五年）十月十七日，筆者因往鎮瀾宮及梧棲浩天宮採集古匾資料，順道過此，已見園門大開，並且經過一番整理，前後眞有天壤之別。

民國六十八年（西元一九七九年）九月，大甲鎮公所民政課爲維護古蹟，又予重修，除得台中縣政府的補助外，並由大甲國際獅子會捐款十萬元，委請中興大學園藝系主任林樂建負責設計。此次的重修，頗有大刀闊斧的作法，即將舊牆悉爲拆除，另築新穎美觀的圍牆。同時，並將原來設在光明路邊的園門廢棄，改由順天路旁出入。新的園門兩旁，塑有巨型白色獅子一對，頗具氣派。牆

外則嵌有大理石鐫刻的《台灣通史》〈余林氏傳〉全文，俾遊客憑弔之餘，而想見當年余林氏的冰清玉潔。

民國七十二年（西元一九八三年）五月二十五日，大甲鎮公所僱用「怪手」，將擋在貞節坊前，嚴重破壞古蹟外觀的一棟廢棄建物拆除，而使拖延二十餘年無法解決的難題迎刃而解。按貞節坊即坐落在光明路與順天路的十字路口，由於坊前原有台糖公司小火車的鐵路，台糖公司遂在此一平交道建造一水泥屋，供守柵人員使用。

後來台糖鐵路廢棄，該屋卻未見拆除，直到民國七十二年，始經鎮公所與業主余延芳協議拆除，鎮公所在法令範圍內補償一萬元，並由巨大公司董事長劉金標樂捐三萬元，合計四萬元給業主，才獲得圓滿解決，終於在五月二十五日十二時三十分正式動工。

結語

記得有人說過，貞孝節烈等當年婦女的美德善行，都是士大夫們所加意促成、極力宣揚的，其中更包含了不少「血淚斑斑、慘絕人寰」的史實。綜觀余林氏一生的事蹟，守貞不事二夫一節，或許已不合時代的潮流，但其孝順婆婆，視如親母，每日「進飲食，佐理中饋，早作夜息，奉命維謹」，不怨不尤，甚至婆婆眼疾暨患拘攣之後，更「以舌舐之，焚香虔禱」、「侍床褥，躬洗濯，或徹夜不寐」（《台灣通史》語），這種純孝懿行，仍不失為現代婦女的典範，可不勉之哉？

國家圖書館出版品預行編目資料

臺灣中部的人文／林文龍著. --第一版. --
臺北市；常民文化, 1998［民87］
面；　公分. --（臺灣地方誌；6）
ISBN 957-8491-16-6（平裝）

1.臺灣－人文

673.24　　　　86015906

25 台灣地方誌6
台灣中部的人文

作者 林文龍

系列叢書策劃 台灣常民文化學會
責任編輯 吳麗雯 校對 林文龍 劉昌煒 劉冠妹
發行人 劉魏銘（還月）
法律顧問 江鵬堅律師 莊柏林律師
編輯總顧問 何華仁
社務總監 吳登川 印刷顧問 蔣進興
編輯部
主編 陳柔森
編輯 郭秋蕙 鄭亦筑 吳麗雯
經理部
總經理 施雲青
出版發行 常民文化事業股份有限公司
發行所 台北市基隆路二段八十一之一號四樓
電話：(02) 23782407-9 傳眞：(02) 27373091
E-mail: folkway@ms9.hinet.net
郵政劃撥：18748668 常民文化事業股份有限公司
出版登記 北市業字第901號
打字 普辰企業有限公司
印刷 松霖彩色印刷事業有限公司 電話：(02) 22405000
總經銷 吳氏圖書公司 電話：(02) 32340036（代表號）
中和市中正路七八八之一號五樓
定價 三五〇元
第一版第一刷 一九九八年元月

ISBN 957-8491-16-6